마법천자문의 학습 효과를 급수한자까지!

마법 급수한자

글 이유남 그림 서규석

|||

8급

아울북

한자능력검정시험 안내

😁 한자능력검정시험이란?

사단법인 한국어문회가 주관하고 한국한자능력검정회가 시행하는 한자 활용능력시험을 말합니다. 1992년 12월 9일 1회 시험을 시작으로 2001년 1월 1일 이후, 국가공인 자격시험(1~3급Ⅱ)으로 치러지고 있습니다.

🌀 언제, 어떻게 치르나요?

한자능력검정시험은 공인급수 시험(1급, 2급, 3급, 3급Ⅱ)과 교육급수 시험(4급, 4급Ⅱ, 5급, 6급, 6급Ⅱ, 7급, 8급)으로 나뉘어 각각 1년에 4번 치러집니다. 누구나 원하는 급수에 응시할 수 있으며, 응시 원서의 접수는 방문 접수와 인터넷 접수 모두 가능합니다. (기타 자세한 내용은 한국한자능력검정회 홈페이지 참조. http://www.hanja.re.kr)

😁 어떤 문제가 나오나요?

급수별 자세한 출제 기준은 다음과 같습니다.

한자능력검정시험 출제 유형

구 분	공인 급수				교육 급수						
	1급	2급	3급	3급Ⅱ	4급	4급Ⅱ	5급	6급	6급Ⅱ	7급	8급
읽기 배정 한자	3,500	2,355	1,817	1,500	1,000	750	500	300	300	150	50
쓰기 배정 한자	2,005	1,817	1,000	750	500	400	300	150	50	0	0
독음	50	45	45	45	30	35	35	33	32	32	24
훈음	32	27	27	27	22	22	23	22	29	30	24
장단음	10	5	5	5	5	0	0	0	0	0	0
반의어	10	10	10	10	3	3	3	3	2	2	0
완성형	15	10	10	10	5	5	4	3	2	2	0
부수	10	5	5	5	3	3	0	0	0	0	0
동의어	10	5	5	5	3	3	3	2	0	0	0
동음이의어	10	5	5	5	3	3	3	2	0	0	0
뜻풀이	10	5	5	5	3	3	3	2	2	2	0
필순	0	0	0	0	0	0	3	3	3	2	2
약자	3	3	3	3	3	3	3	0	0	0	0
한자 쓰기	40	30	30	30	20	20	20	20	10	0	0
출제 문항 수	200	150	150	150	100	100	100	90	80	70	50

＊ 쓰기 배정 한자는 한두 급수 아래의 읽기 배정 한자거나 그 범위 내에 있습니다.
＊ 출제 유형표는 기본 지침 자료로서, 출제자의 의도에 따라 차이가 있을 수 있습니다.

🐸 급수는 어떻게 나눠지며, 합격 기준은 무엇인가요?

　한자능력검정시험은 공인급수와 교육급수로 나누어지며, 8급부터 1급까지 11단계로 되어 있습니다.

한자능력검정시험 급수 배정표

급 수		수 준	특 성
교 육 급 수	8급	읽기 50자, 쓰기 없음	유치원생이나 초등학생의 학습 동기 부여를 위한 급수
	7급	읽기 150자, 쓰기 없음	한자 공부를 처음 시작하는 분을 위한 초급 단계
	6급Ⅱ	읽기 300자, 쓰기 50자	한자 쓰기를 시작하는 첫 급수
	6급	읽기 300자, 쓰기 150자	기초 한자 쓰기를 시작하는 급수
	5급	읽기 500자, 쓰기 300자	학습용 한자 쓰기를 시작하는 급수
	4급Ⅱ	읽기 750자, 쓰기 400자	5급과 4급의 격차를 해소하기 위한 급수
	4급	읽기 1,000자, 쓰기 500자	초급에서 중급으로 올라가는 급수
공 인 급 수	3급Ⅱ	읽기 1,500자, 쓰기 750자	4급과 3급의 격차를 해소하기 위한 급수
	3급	읽기 1,817자, 쓰기 1,000자	신문 또는 일반 교양서를 읽을 수 있는 수준
	2급	읽기 2,355자, 쓰기 1,817자	일상 한자어를 구사할 수 있는 수준
	1급	읽기 3,500자, 쓰기 2,005자	국한혼용 고전을 불편 없이 읽고 공부할 수 있는 수준

한자능력검정시험 합격 기준표

구 분	공 인 급 수				교 육 급 수						
	1급	2급	3급	3급Ⅱ	4급	4급Ⅱ	5급	6급	6급Ⅱ	7급	8급
출제 문항 수	200	150	150	150	100	100	100	90	80	70	50
합격 문항 수	160	105	105	105	70	70	70	63	56	49	35
시험 시간	90분	60분			50분						

＊ 1급은 출제 문항 수의 80% 이상, 2~8급은 70% 이상 득점하면 합격입니다.

🐸 급수를 따면 어떤 점이 좋은가요?

- 1~3급Ⅱ는 국가 공인급수로 초, 중, 고등학교 생활기록부의 자격증 및 인증 취득 상황란에 정식 기재되며, 4~8급은 교과 학습 발달 상황란에 기재됩니다.
- 대학 입시 수시 모집 및 특기자 전형에 지원이 가능합니다.
- 대학 입시 면접에 가산점 부여 및 졸업 인증, 학점 반영 등 혜택이 주어집니다.
- 언론사와 기업체의 입사 및 승진 등 인사고과에 반영됩니다.

8급 마법급수한자
이 책의 구성과 특징

마법한자 주문
주문으로 한자를 외워요!
주문만 외우면, 한자가 나왔을 때 금방 무슨 한자인지 떠올릴 수 있습니다.

자원(字源)과 용례
한자가 어떻게 만들어졌는지, 어떻게 쓰이는지 알려 줍니다. 주문과 연결해서 익히는 것이 더욱 효과적입니다.

훈/음, 부수
훈과 음과 부수를 보여 줍니다.

빨리 찾기
여기를 보면, 한자를 쉽게 찾을 수 있습니다.

필순 보기
필순과 더불어 획의 방향이 나타나 있어서 알아보기가 쉽습니다. 필순이 표시된 방향을 따라서 손가락으로 책 위에 한자를 써 봅시다.

낱말 활용
한 글자에 낱말이 두 개씩! 방금 익힌 한자가 낱말 속에서 어떻게 쓰이는지 예문과 함께 살펴보세요.

필순대로 써 보기
필순에 따라 한자를 직접 써 봅니다. 필순이 손에 익으면 한자도 쉽게 외워지고, 한자 모양도 예뻐집니다.

〈마법천자문〉 한 장면
한자나 낱말에 관련된 〈마법천자문〉의 한 장면입니다.
〈마법천자문〉을 읽은 사람에게는 더욱 효과적이지요!

〈마법급수한자〉는 이렇게 달라요.

청킹으로 낱자들을 묶어서 기억한다!
한자의 키 포인트를 주문으로 외운다!

〈마법급수한자〉는 학습할 낱자들을 서로 관련성이 높은 것 끼리 묶어서 기억합니다. 청킹(chunking : 덩어리) 기법으로 외우면, 암기가 훨씬 빨라지고, 오래 기억할 수 있습니다.
또, 〈마법급수한자〉의 모든 한자에는 주문이 달려 있습니다. 이 주문은 한자의 생성 원리와 형태, 훈과 음을 한 덩어리로 외우게 하여 암기 부담을 덜어 줍니다.

만화로 익히니 한자가 더욱 재미있다!
만화만으로도 쉽게 한자를 익힐 수 있어!

〈마법급수한자〉는 급수서의 딱딱한 틀에서 벗어나 학습 과 정에 만화를 적극 도입하였습니다. 만화 속에는 공부할 한자 나 낱말들이 꼬리를 물고 등장하여 충분한 선행학습이 이루 어지게 됩니다. 또, 각 한자와 관련된 〈마법천자문〉의 장면 이 함께 나와 있어 더욱 효과적으로 암기됩니다.

암기에 실제로 도움이 되는
독창적·현대적인 자원(字源) 해설!

일반적인 자원 해설은 어른조차 이해하기 힘듭니다. 〈마법 급수한자〉의 자원 해설은 한자의 생성 원리에 기초하면서 도, 한자 암기에 실제적으로 도움이 되도록 많은 부분을 어 린이의 시각에서 현대적으로 재구성하였습니다.

낱자가 아니라 낱말로 익히는 한자!
어휘 학습을 대폭 강화했습니다.

한자 공부의 궁극적인 목적은 어휘력을 높이는 것입니다. 〈마법급수한자〉는 낱자 학습에서 글자마다 2개씩 100개의 낱말을 예문과 함께 익힐 수 있습니다. 또, 별도의 〈낱말 깨 치기〉 코너를 통해 8급 낱말 50여 개에 대한 쓰기 연습을 할 수 있습니다.

재주만 뛰어나다고 되는 것이 아니다. 재주가 제아무리 뛰어나도 너처럼 무식해서는 진정한 고수가 될 수 없느니라!

그래서 얘긴데….

내 좋은 한자 학교를 소개할 터이니

열려라! 문 문 門!

학교라니요? 제가 가장 싫어하는 게 학교인데….

학교에 가서 한자를 체계적으로 공부하여….

도사님 제발 학교만은….

5급까지 따기 전에는 돌아올 생각을 마라.

8급 마법급수한자

주문만 외우면 한자가 쏙쏙!

숫자 | 일이삼사오륙칠팔구십

一	작대기 하나는!	한 일 一!
二	작대기 둘은!	두 이 二!
三	작대기 셋은!	석 삼 三!
	네모 안에 수염!	넉 사 四!
	석 삼에 둘을 더하니!	다섯 오 五!
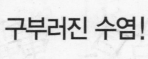	여덟 팔에 모자를 씌우니!	여섯 륙 六!
	열 십을 살짝 꺾으면!	일곱 칠 七!
	팔자수염!	여덟 팔 八!
	구부러진 수염!	아홉 구 九!
十	십자가는!	열 십 十!

낱말을 만들어 봐!
一二, 二三, 六十,
八一五, 三三五五!

손오공의 한자 실력 테스트

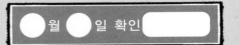
작대기 하나는! 한 일 一!

一二三四五六七八九十

훈 한   음 일

一부수 (한일 부수)

작대기 하나랑 손가락 하나는 세계 어디서나 일(一)로 통하지. 一은 한 개도 되고, 첫째도 돼.

🔵 필순에 따라 써 보세요.

총 1획

一

필순			
		한 일	한 일
①→			
		한 일	한 일
한 일			
一	一	一	一
一	一	一	一

🔵 이렇게 쓰여요.

일   가

7급
한 일   집 가

일가 : 가족만 아니라 친척까지 아우를 때에는 '일가친척'이라고 합니다. "명절이 되어 일가친척이 한자리에 모였다."

일   등

6급
한 일   등급 등

일등 : 첫째 등급. 제일 높은 상은 일등상, 제일 좋은 자리는 일등석, 제일 큰 공을 세운 사람은 일등 공신이라고 하지요.

딱 한 번만 설명할 테니 잘 들어.

통나무 하나를….

12

작대기 둘은! 두 이 二!

一二三四五六七八九十

二

훈 두   음 이

二부수 (두이 부수)

하나를 나누면 둘이 생겨!

필순에 따라 써 보세요.

총 2획

二 二

 필순

二

두 이

이렇게 쓰여요.

二分
이 분

二分 [6급]
두 이 나눌 분

이분 : 둘로 나눔. 모든 것을 극단적으로 둘로 나눠서 생각하는 태도를 '이분법적 사고'라고 합니다.

二世
이 세

二世 [7급]
두 이 세상 세

이세 : 다음 세대. 자녀. "이세들에게 맑은 하늘을 물려주자." "이세가 태어날 때가 되지 않았나요?"

하나를 반으로 쪼개면 둘!

짝

13

작대기 셋은! 석 삼 三!

一
二
三
四
五
六
七
八
九
十

훈 석   음 삼

一부수 (한일 부수)

석 달, 석 자,
석 되, 석 섬!
이럴 땐 '세'가 아니라
'석'이라고 써.

😑 필순에 따라 써 보세요.

총 3획

三 三 三

필순		
	석 삼	석 삼
	석 삼	석 삼

석 삼

🦉 이렇게 쓰여요.

三代	三代 6급
삼 대	석 삼 대신할 대

삼대 : 아버지와 아들과 손자. "우리 집에는 삼대가 모여서 살아요."

三男	三男 7급
삼 남	석 삼 사내 남

삼남 : 셋째 아들. 아들 셋. "그는 삼남(셋째 아들)으로 태어났다." "그는 삼남(아들 셋)삼녀를 두었다."

우리는 삼총사!

누구 맘대로?

네모 안에 수염! 넉 사 四!

一二三四五六七八九十

四
훈 넉 음 사

□부수 (큰입구/에울위 부수)

'넉 사'는 '죽을 사(死)'와 발음이 같아서 싫어하는 사람이 많지.

🐢 필순에 따라 써 보세요.

총 5획 ※ 필순에 주의하세요.

四 四 四 四 四

필순

넉 사

四	四
넉 사	넉 사
四	四
넉 사	넉 사

四 四 四 四

四 四 四 四

👿 이렇게 쓰여요.

四季
사 계

四季 [4급]
넉 사 계절 계

사계 : 네 계절. 봄, 여름, 가을, 겨울. "우리나라는 사계가 뚜렷하다."

四神
사 신

四神 [6급]
넉 사 귀신 신

사신 : 동서남북 네 방향을 맡고 있는 네 명의 신. "고구려 벽화에는 사신이 많이 그려져 있습니다."

둘을 다시 반으로 쪼개면 넷!

짝

석 삼에 둘을 더하니! 다섯 오 五!

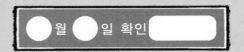

一二三四五六七八九十

五

훈 다섯 음 오

二부수 (두이 부수)

三 + 二 = 五

작대기 셋이니까 석 삼.
거기에 둘을 얹으니
다섯 오!

😊 필순에 따라 써 보세요.

총 4획

五 五 五 五

필순

다섯 오

五	五
다섯 오	다섯 오
五	五
다섯 오	다섯 오

五	五	五	五
五	五	五	五

😄 이렇게 쓰여요.

五色	五色 7급
오 색	다섯 오 빛 색

오색 : 다섯 가지 기본이 되는 색. 청색, 황색, 적색, 백색, 흑색. 알록달록 눈부시게 화려한 것을 "오색찬란하다."라고 합니다.

五味	五味 4급
오 미	다섯 오 맛 미

오미 : 다섯 가지 맛. 매운맛, 신맛, 짠맛, 쓴맛, 단맛. "이 차에서는 오미를 모두 느낄 수 있다."

손바닥을
쫙 펴면

다섯 손가락!
다섯 오!

16

여덟 팔에 모자를 씌우니! 여섯 륙 六!

一二三四五六七八九十

훈 여섯 음 륙(육)

八부수 (여덟팔 부수)

어때, 나랑 닮았지? 六은 낱말 앞에서는 '육'이라고 읽어! 단, '六月'은 '유월'이야.

😛 **필순에 따라 써 보세요.**

총 4획

六 六 六 六

필순

여섯 륙

여섯 륙　여섯 륙
여섯 륙　여섯 륙

😑 **이렇게 쓰여요.**

六感
육　감

 6급
六感
여섯 륙　느낄 감

육감 : 여섯 번째 감각. 시각, 청각, 후각, 미각, 촉각 등 오감 외에 여섯 번째의 특별한 감각. "육감이 좋지 않다."

六臣
육　신

5급
六臣
여섯 륙　신하 신

육신 : 여섯 신하. 조선 세조 때 죽임을 당한 여섯 신하를 '사육신', 벼슬을 버려 절개를 지킨 여섯 신하를 '생육신'이라고 합니다.

박쥐 여섯 마리!

17

열 십을 살짝 꺾으면! 일곱 칠 七!

一二三四五六七八九十

七

훈 일곱 음 칠

一부수 (한일 부수)

행운의 숫자 七!

필순에 따라 써 보세요.

총 2획

七 七

필순		
七	일곱 칠	일곱 칠
일곱 칠	일곱 칠	일곱 칠

七 七 七 七
七 七 七 七

이렇게 쓰여요.

七星 / 七星 [4급]
칠 성 / 일곱 칠 별 성

칠성 : 일곱 개의 별. 북두칠성의 준말. 무당이 "칠성님께 비나이다." 하는 것처럼 북두칠성은 신으로 받들어졌습니다.

七夕 / 七夕 [7급]
칠 석 / 일곱 칠 저녁 석

칠석 : 음력 7월 7일 밤. "칠월 칠석은 견우와 직녀가 은하수를 건너 일 년에 한 번 만난다는 날이다."

우리는 화과산의 울보 칠총사야.

아무도 못 말려.
우리가 울면
흐흑…

팔자수염! 여덟 팔 八!

一二三四五六七八九十

훈 **여덟** 음 **팔**

八부수 (여덟팔 부수)

八처럼 생긴 수염을
팔자수염이라고 하지.
八은 四와 함께
쓰일 때가 많아.
사방팔방, 사주팔자,
사통팔달 등.

필순에 따라 써 보세요.

총 2획

八 八

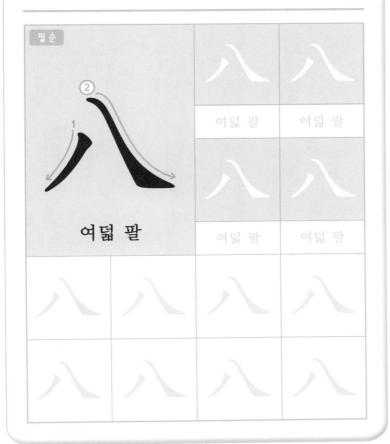

필순
② 1

여덟 팔

여덟 팔 | 여덟 팔

여덟 팔 | 여덟 팔

여덟 팔 | 여덟 팔

이렇게 쓰여요.

八字 | 八字 7급

팔 자 | 여덟 팔 글자 자

팔자 : 사람의 운명을 결정하는 여덟 개의 글자. 사주팔자(四柱八字)의 준말. 고생을 많이 한 사람을 가리켜 "팔자가 세다."고 합니다.

八方 | 八方 7급

팔 방 | 여덟 팔 모 방

팔방 : 여덟 개의 방향. 동, 서, 남, 북, 동북, 동남, 서북, 서남. 여러 방면에 능한 사람을 '팔방미인'이라고 합니다.

넷을 다시
반으로 자르면
여덟!

짝

구부러진 수염! 아홉 구 九!

一二三四五六七八九十

훈 아홉 음 구

乙부수 (새을 부수)

수염을 이렇게
구부리느라
구 년이나 걸렸어.

😄 필순에 따라 써 보세요.

총 2획

九 九

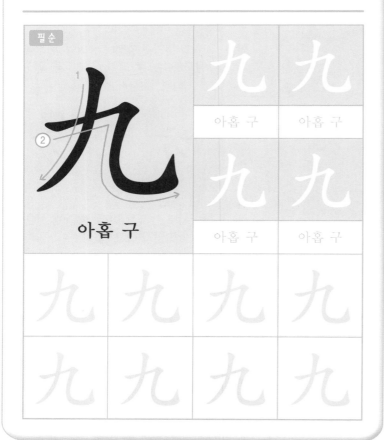

필순

九

아홉 구

아홉 구 | 아홉 구
아홉 구 | 아홉 구

😠 이렇게 쓰여요.

九	重
구	중

7급

九	重
아홉 구	무거울 중

구중 : 아홉 겹. 아홉 겹으로 담장이 둘러쳐진 궁궐. "왕은 구중궁궐에만 있다 보니 백성들의 어려움을 알 수가 없었다."

九	月
구	월

31쪽

九	月
아홉 구	달 월

구월 : 한 해 열두 달 중에서 아홉째 달. "올해는 추석이 구월에 있다."

구미호로
변해라!

아홉 구!

십자가는! 열 십 十!

훈 열 음 십

十부수 (열십 부수)

드라큘라가 무서워한다는 십자가!
十도 六처럼 '十月'을
'시월'로 쓰고 읽지.

一二三四五六七八九十

필순에 따라 써 보세요.

총 2획

十 十

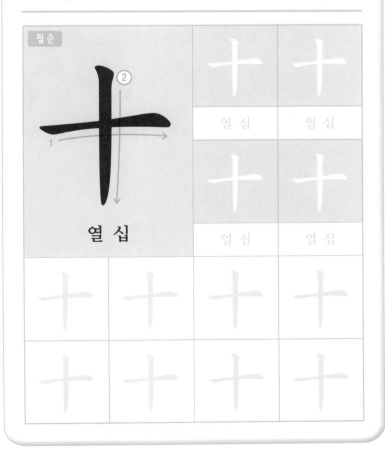

열 십

이렇게 쓰여요.

십대 : 열 살부터 열아홉 살까지. (참고로 영어에서 틴에이저는 열세 살부터 열아홉 살까지랍니다.)

십자 : 열 십(十)자 모양을 가리키는 말. 십자 모양의 틀을 '십자가', 십자 모양의 네거리를 '십자로'라고 하지요.

선착순 열 명!

열 명 모두 모였어요.

난 이등.

내가 일등!

육십

六十
여섯 륙　열 십

六十　六十　六十　六十
六十　六十　六十　六十

육십 : 예순. 예순 살.

팔일오

八一五
여덟 팔　한 일　다섯 오

八一五　八一五
八一五　八一五

팔일오 : 팔일오 광복. 1945년 8월 15일.

삼삼오오

三三五五
석 삼　석 삼　다섯 오　다섯 오

三三五五
三三五五

삼삼오오 : 셋에서 다섯씩 무리지어.

십중팔구

十中八九
열 십　가운데 중　여덟 팔　아홉 구

82쪽

十中八九
十中八九

십중팔구 : 열에 여덟이나 아홉 꼴로.

일생

99쪽

一生
한 일　날 생

一生　一生　一生　一生

一生　一生　一生　一生

일생 : 살아 있는 동안. 평생.

사월

31쪽

四月
넉 사　달 월

四月　四月　四月　四月

四月　四月　四月　四月

사월 : 열두 달 가운데 넷째 달.

십대

78쪽

十大
열 십　큰 대

十大　十大　十大　十大

十大　十大　十大　十大

십대 : 가장 대표적인 열 가지 것들.

일국

81쪽

一國
한 일　나라 국

一國　一國　一國　一國

一國　一國　一國　一國

일국 : 한 나라. 온 나라.

1 다음 글을 읽고, 한자로 된 낱말의 음을 한글로 쓰세요.

(1) 불이 나면 一一九로 전화를 합니다.

⬜⬜⬜

(2) 하루는 二十四 시간입니다.

⬜⬜⬜

(3) 크리스마스는 十二월 二十五일입니다.

⬜⬜ 월　⬜⬜⬜ 일

(4) 六월과 十월은 읽거나 쓸 때, 주의를 해야 합니다.

⬜ 월,　⬜ 월

(5) 외삼촌은 올해로 三十세가 되셨습니다.

⬜⬜

(6) 아이들은 三三五五 재잘대며 집으로 돌아갔습니다.

⬜⬜⬜⬜

(7) 소풍 가서 三六九 게임을 하고 놀았습니다.

⬜⬜⬜

四一九, 六二五도
마찬가지야.
월과 일을 빼니까
말하기 쉽지.

(8) 8월 15일 광복절을 八一五라고 합니다.

⬜⬜⬜

2 다음 한자의 훈(訓 : 뜻)과 음(音 : 소리)을 쓰세요.

(1) 八 (　　　　　　　　)   (2) 三 (　　　　　　　　)

(3) 六 (　　　　　　　　)   (4) 五 (　　　　　　　　)

(5) 十 (　　　　　　　　)   (6) 四 (　　　　　　　　)

(7) 七 (　　　　　　　　)   (8) 九 (　　　　　　　　)

3 다음 글에서 밑줄 친 낱말을 한자로 쓰세요.

> 🙍 동자 오빠 못 봤어요? 만나기만 해 봐라.
>
> 🙍 아까 PC방 가던데, 십중팔구 게임하고 있을걸. 그런데 왜?
>
> 🙍 글쎄, 동자 오빠가 일구이언을 하잖아요.
>
> 🙍 어, 저기 동자 온다! 동자야, 옷이 왜 흙투성이야?
>
> 🧑 말도 마. 자전거 타다 굴러서 구사일생으로 살아났어.

(1) 십중팔구 : [　] 中 [　] [　] ＊열에 여덟이나 아홉 꼴로 그렇다.

(2) 일구이언 : [　] 口 [　] 言 ＊한 입으로 두말을 하다.

(3) 구사일생 : [　] 死 [　] 生 ＊죽을 뻔하다가 겨우 살아나다.

4 다음 중에서 필순(筆順 : 쓰는 순서)이 올바른 것은?

① ㄱ-ㄴ-ㄷ-ㄹ-ㅁ
② ㄱ-ㄹ-ㅁ-ㄴ-ㄷ
③ ㄴ-ㄷ-ㄱ-ㄹ-ㅁ
④ ㄱ-ㄹ-ㄴ-ㄷ-ㅁ

> 한자 네 글자로 된 말을 사자성어(四字成語)라고 하느니라.

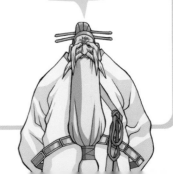

25

5 다음 글을 읽고 밑줄 친 말에 해당하는 한자를 보기에서 찾아 그 번호를 쓰세요.

보기

① 九 ② 五 ③ 七 ④ 十 ⑤ 二 ⑥ 三 ⑦ 八

(1) 꼬리가 아홉 개 달린 여우를 구미호라고 합니다.   (   )

(2) 내 동생은 다섯 살입니다.   (   )

(3) 컴퓨터 게임을 여덟 시간이나 하였습니다.   (   )

(4) 열 명 중에 세 명이 여자입니다.   (   )

(5) 아버지는 장미꽃 열 송이를 사 오셨습니다.   (   )

(6) 우리 집은 강아지가 두 마리 있습니다.   (   )

(7) 우리 가족은 일곱 시에 저녁식사를 합니다.   (   )

6 다음 밑줄 친 낱말에 공통으로 쓰이는 한자를 보기에서 바르게 찾아 그 번호를 쓰세요.

보기

① 七 ② 五 ③ 一 ④ 二 ⑤ 四

(1) 우리나라는 사계절이 뚜렷한 나라입니다.   (   )
    사방팔방 다 찾아보았지만 손오공을 찾지 못하였습니다.

(2) 오월 오일은 어린이날입니다.   (   )
    우리 학교는 오층 건물입니다.

(3) 칠은 행운의 숫자로 알려져 있습니다.   (   )
    칠월 칠석은 견우와 직녀가 만나는 날입니다.

8급 마법급수한자
주문만 외우면 한자가 쏙쏙!

요일 | **일월화수목금토**

 태양에 점이 있네! **날 일 日!**

 초승달에 구름 걸려! **달 월 月!**

 앗 뜨거워! **불 화 火!**

 세 갈래로 흐르는! **물 수 水!**

 나무가 뿌리 내려! **나무 목 木!**

 김씨는 금이 좋아! **쇠 금 金!**

 땅 위에 싹이 돋아! **흙 토 土!**

낱말을 만들어 봐!
日月, 土木!

월요일은 달 월(月)이니까 달 뜰 때까지 나머지 공부.

또 빵점!

어이구, 오늘도 일찍 가기는 틀렸나 보다.

하나를 가르치면 둘을 까먹으니

月

너 같은 돌머리는 난생 처음이다.

화요일은 불 화(火)니까 불 때기.

火

불 때라면서요?

꽥!

아궁이에 불 때랬더니!

수요일은 물 수(水)니까 물 긷기.

물이 세 갈래네.

水

휴, 다 끝냈다!

허허! 그놈 머리는 나빠도 힘 하나는 쓸 만하구나.

목요일은 나무 목(木)이니까 장작 패기.

이까짓 것쯤이야.

옳거니! 앞으로 머슴으로 부려 먹으면 아주 쓸 만하겠는걸.

금요일은 쇠 금(金)이니 금으로 金 자 만들기.

모두 금을 구부려서 쇠 금(金) 자를 만들어라.

네~에

이놈아! 이게 쇠 금(金) 자냐?

어쨌든 비슷하잖아요.

토요일은 흙 토(土)니까 땅 파기.

흙 토(土) 자가 나왔느냐?

토는 없고 흙만 나오네요 뭐.

에잇! 무슨 학교가 이래요! 공부는 안 가르쳐 주고.

이놈아, 이게 바로 산 공부지 뭐냐.

태양에 점이 있네! 날 일 日!

日月火水木金土

훈 날 음 일

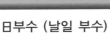
日부수 (날일 부수)

대단해!
옛날 사람들도
태양의 흑점을
알았다니!

필순에 따라 써 보세요.

총 4획

日 日 日 日

날 일

이렇게 쓰여요.

일 기 / 날 일 기록할 기 (7급)

일기: 날마다 그날의 일을 적은 기록. "일기를 매일 써야지, 한꺼번에 몰아서 쓰면 되겠니?"

일 출 / 날 일 날 출 (7급)

일출: 해가 뜸. "동해에서 일출을 보았습니다."

해야, 비춰라! 날 일!

초승달에 구름 걸려! 달 월 月!

훈 달 음 월

月부수 (달월 부수)

초승달이 뜰 땐
달 월을 기억해!
그리고 이 늑대왕도
함께 기억해 줘.

日
月
火
水
木
金
土

필순에 따라 써 보세요.

총 4획

月 月 月 月

필순

月

달 월

月 月
달 월 달 월
月 月
달 월 달 월

月 月 月 月

月 月 月 月

이렇게 쓰여요.

月 光
월 광

月 光
달 월 빛 광
6급

월광 : 달빛. 달의 빛이니 월광입니다. "소
녀의 얼굴은 월광을 받아 뽀얗게 빛났다."

月 給
월 급

月 給
달 월 줄 급
5급

월급 : 일을 한 대가로 달마다 받는 돈.
"우리 아빠의 월급날은 매달 25일입니다."

달아, 비춰라!

달 월!

앗 뜨거워! 불 화 火!

日月火水木金土

훈 불   음 화

火부수 (불화 부수)

어떤 때에는 장작불,
어떤 때에는 가스 불!
火는 부수로 쓰일 때,
灬(연화발)로도 변해.

🙂 필순에 따라 써 보세요.

총 4획 ※ 필순에 주의하세요.

火 火 火 火

필순		
	火	火
	불화	불화
	火	火
불화	불화	불화
火	火	火	火
火	火	火	火

😈 이렇게 쓰여요.

火 力	火 力 [7급]
화 력	불화 힘력

화력 : 불의 힘. 총포 따위의 힘. "이 난로
는 화력이 좋다." "그 부대는 막강한 화력
을 갖춘 부대이다."

火 災	火 災 [5급]
화 재	불화 재앙 재

화재 : 불로 인해 생긴 재난. 불 때문에 생
긴 재난을 화재, 물 때문에 생긴 재난을
수재(水災)라고 합니다.

타올라라!   불 화!   악!

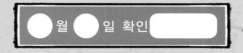
세 갈래로 흐르는! 물 수 水 !

水

훈 물   음 수

水부수 (물수 부수)

세 갈래로 흐르는 물길! 水가 부수로 쓰일 때에는 대개 氵(삼수변)이 돼.

日月火水木金土

 필순에 따라 써 보세요.

총 4획 ※ 필순에 주의하세요.

水 水 水 水

필순

물 수

물 수   물 수

물 수   물 수

 이렇게 쓰여요.

水上
수   상

7급
水上
물수 위상

수상 : 물 위. 물 위에서 타는 스키를 수상 스키라고 하지요. 물속은 수중(水中), 물 표면은 수면(水面)이라고 합니다.

水道
수   도

7급
水道
물수 길도

수도 : 물이 흘러가도록 만든 길. 수돗물은 밑에서 위로 올라오니까 상수도(上水道), 버리는 물은 아래로 내려가니까 하수도(下水道).

쏟아져라!

물 수!

33

나무가 뿌리 내려! 나무 목 木!

日月火水木金土

훈 나무 음 목

木부수 (나무목 부수)

나는 아낌없이 주는
나무가 될 테야!
삼장을 위해서라면.

 필순에 따라 써 보세요.

총 4획

木 木 木 木

필순

나무 목

木 나무 목 木 나무 목

木 나무 목 木 나무 목

 이렇게 쓰여요.

木 목 石 석

6급
木 나무 목 石 돌 석

목석 : 나무와 돌. 무뚝뚝한 사람을 일컬어
'목석 같은 사람'이라고 합니다.

木 목 材 재

5급
木 나무 목 材 재목 재

목재 : 나무로 된 재료. 나무 재료는 목재,
돌 재료는 석재(石材)라고 합니다. "집을
짓는 데 목재가 부족하다."

34

김씨는 금이 좋아! 쇠 금 金!

金

훈 쇠/성 음 금/김

金부수 (쇠금 부수)

金은 성으로 쓰일 때에는 '김'으로 읽어.

나는 김씨니까 금을 많이 모을 거야.

日月火水木金土

😁 **필순에 따라 써 보세요.**

총 8획

金 金 金 金 金 金 金 金

필순

1 2
3
4 5 7
6
⑧

쇠 금

		金 쇠금	金 쇠금
		金 쇠금	金 쇠금

金	金	金	金
金	金	金	金

😑 **이렇게 쓰여요.**

金 金	金 銀 6급
금 은	쇠금 은은

금은 : 금과 은. 금과 은은 돈을 가리킵니다. 금은보화란 말도 많이 쓰이지요. "해적들의 창고에는 금은보화가 가득했다."

金 氏	金 氏 4급
김 씨	성김 성씨

김씨 : 김씨 성. 성이 김씨인 사람. "김씨는 우리나라에서 가장 흔한 성이다." "김씨 아저씨는 내게 썰매를 만들어 주셨다."

황금으로 변해라! 쇠 금!

펑

땅 위에 싹이 돋아! 흙 토 土!

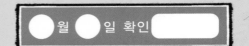

월 ◯ 일 확인

日月火水木金土

土

훈 흙 음 토

土부수 (흙토 부수)

흙은 생명이 뿌리내리는 곳이야.

필순에 따라 써 보세요.

총 3획

土 十 土

필순

土

흙 토

흙 토   흙 토

흙 토   흙 토

土 土 土 土

土 土 土 土

이렇게 쓰여요.

土地
토   지

土 地
흙토   땅지 [7급]

토지 : 농사를 짓거나 집을 짓는 데 이용하는 땅. "토지가 좋아서 농작물이 잘 자란다."

黃土
황   토

黃 土
누를황   흙토 [6급]

황토 : 누렇고 거무스름한 흙. 누런 흙은 황토, 흰 흙은 백토(白土)라고 합니다. "황토밭을 갈아엎었다."

솟아라! 흙 토!

일월

日 月
날 일 달 월

日月 日月 日月 日月
日月 日月 日月 日月

일월 : 해와 달을 함께 이르는 말.

토목

土 木
흙 토 나무 목

土木 土木 土木 土木
土木 土木 土木 土木

토목 : 흙과 나무. 토목공사의 준말.

화산

火 山
68쪽
불 화 메 산

火山 火山 火山 火山
火山 火山 火山 火山

화산 : 불을 뿜는 산. 땅속의 뜨거운 마그마가 지표를 뚫고 나와 이루어진 산.

생수

生 水
99쪽
날 생 물 수

生水 生水 生水 生水
生水 生水 生水 生水

생수 : 끓이거나 소독하지 않은, 자연 그대로의 맑은 물.

수문

水門 104쪽
물수 문문

水門 水門 水門 水門
水門 水門 水門 水門

수문 : 댐이나 저수지의 물이 들어오고 나가는 문.

선금

先金 98쪽
먼저 선 쇠 금

先金 先金 先金 先金
先金 先金 先金 先金

선금 : 무엇을 살 때, 먼저 치르는 돈.

백금

白金 67쪽
흰 백 쇠 금

白金 白金 白金 白金
白金 白金 白金 白金

백금 : 금속 원소 중에서 가장 무거운 흰색의 금속.

생년월일

生年月日 99쪽 101쪽
날 생 해 년 달 월 날 일

生年月日
生年月日

생년월일 : 태어난 해와 달과 날짜.

38

1 다음 글을 읽고, 한자로 된 낱말의 음을 한글로 쓰세요.

(1) 주 5일 근무제는 月요일부터 金요일까지 일하는 제도입니다.

☐ 요일, ☐ 요일

(2) 해가 뜨는 것을 日출, 달이 뜨는 것을 月출이라고 합니다.

☐ 출, ☐ 출

(3) 日月이 그 소년의 앞길을 훤히 비춰 주었습니다.

☐☐

(4) 五月 五日은 어린이날입니다.

☐☐ ☐☐

(5) 火력 발전소와 水력 발전소는 전기를 만들어 냅니다.

☐ 력, ☐ 력

(6) 댐을 건설하느라 土木 공사가 한창입니다.

☐☐

(7) 수원성에는 네 개의 대문과 한 개의 水門이 남아 있습니다.

☐ 문

(8) 金씨는 우리나라에서 가장 흔한 성입니다.

☐ 씨

나는 손(孫)씨!

2 다음 한자의 훈(訓 : 뜻)과 음(音 : 소리)을 쓰세요.

(1) 木 (   )   (2) 水 (   )

(3) 月 (   )   (4) 日 (   )

(5) 火 (   )   (6) 金 (   )

(7) 土 (   )

 3 다음 글에서 밑줄 친 낱말을 한자로 쓰세요.

　　우리 선조들은 불, 물, 나무, 쇠, 흙이 서로 결합해서 우주 만
물을 만들어 낸다고 생각했습니다. 이 다섯 가지를 한자로는
화, 수, 목, 금, 토라고 씁니다. 불, 물, 나무, 쇠, 흙이 우주 만
물을 만들어 내듯, 이 다섯 개의 한자는 다른 한자들을 만들어
내는 데 많이 쓰입니다.

(1) 화 : ☐   (2) 수 : ☐   (3) 목 : ☐

(4) 금 : ☐   (5) 토 : ☐

日, 月, 火, 水, 木, 金, 土는
부수로도 쓰여. 日, 月, 火, 水,
木, 金, 土가 들어간 글자가
수백 자나 되지.

4 다음 밑줄 친 글자에 공통으로 쓰이는 한자를 보기 에서 찾아 쓰세요.

보기

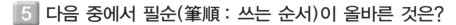

月　火　水　木　金　土

(1) 우리 집은 매월 1일에 가족회의를 합니다.
　　다음 주 월요일은 제 생일입니다.

(2) 토요일은 차가 많이 막힙니다.
　　어머니께서는 황토 마을에 다녀오셨습니다.

(3) 놀이동산에서 회전목마를 탔습니다.
　　4월 5일은 식목일입니다.

(4) 수재민을 돕는 자선바자회가 열렸습니다.
　　여름 방학 때 수영을 배웠습니다.

5 다음 중에서 필순(筆順 : 쓰는 순서)이 올바른 것은?

㉠ 火　　㉡ 火

① ㉠-㉢
② ㉠-㉣

㉢ 水　　㉣ 水

③ ㉡-㉢
④ ㉡-㉣

6 다음 한자에서 ㉠획은 몇 번째 획일까요?

① 첫 번째
② 두 번째
③ 세 번째
④ 네 번째

8급 한자로 익히는 필순

8급 시험에서 필순 문제는 두 문제씩 출제됩니다.
순서를 일일이 외우려면 어렵지만, 원칙을 알면 쉽답니다.

人　왼쪽에서 오른쪽으로 쓴다. 日 門

三　위에서 아래로 쓴다. 王

十　가로와 세로가 교차될 때에는 가로부터 쓴다. 大

乂　삐침(丿)과 파임(乀)이 교차할 때에는 삐침부터 쓴다. 敎 校

小　좌우 대칭일 때에는 가운데를 먼저 쓴다. 水 山

中　글자 전체를 꿰뚫는 획은 나중에 쓴다. 女

南　바깥에서 안으로 쓴다. 西

四　네모의 아래 획은 안을 채우고 나서 맨 마지막에 쓴다. 國

＊필순에 주의해야 할 글자 : 四火水西北民萬長

42

부모와 형제!
여인과 외삼촌!

부모형제 | 부모형제여인외촌

 아빠는 힘이 세서! **아비 부** 父!

엄마는 젖 먹여서! **어미 모** 母!

 입 벌리고 달리는! **형 형** 兄!

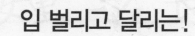 피뢰침에 줄 감고 노는! **아우 제** 弟!

 팔 벌리고 한 발로 선! **계집 녀** 女!

 사람은 두 발로 걸어서! **사람 인** 人!

 저녁마다 바깥으로 나가는! **바깥 외** 外!

 손가락은 짧아, 짧으면! **마디 촌** 寸!

낱말을 만들어 봐!
父母, 兄弟, 父女,
母女, 女人!

이상한 가족

45

아빠는 힘이 세서! 아비 부 父!

父
母
兄
弟
女
人
外
寸

父

훈 아비   음 부

父부수 (아비부 부수)

아빠가 있는
아이들은 좋겠다.

👾 **필순에 따라 써 보세요.**

총 4획

父 父 父 父

필순		父	父
		아비 부	아비 부
		父	父
아비 부		아비 부	아비 부
父	父	父	父
父	父	父	父

😄 **이렇게 쓰여요.**

父 子
부   자

師 父
사   부

부자 : 아버지와 아들. "부자의 말투가 어쩜 그리 똑같을까?"

7급
父 子
아비 부   아들 자

4급

師 父
스승 사   아비 부

사부 : 스승을 높여 부르는 말. "사부의 가르침을 받들다."

나는
아빠가 없어.

엄마는 젖 먹여서! 어미 모 母!

母

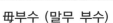
훈 어미 음 모

母부수 (말무 부수)

엄마가 있는 아이들도.

父 母 兄 弟 女 人 外 寸

필순에 따라 써 보세요.

총 5획 ※ 5획 글자입니다.

母 母 母 母 母

필순

母

어미 모

母	母
어미 모	어미 모
母	母
어미 모	어미 모

母	母	母	母
母	母	母	母

이렇게 쓰여요.

老 母	老 母 [7급]
노 모	늙을 로 어미 모

노모 : 늙은 어머니. "그는 혼자 노모를 모시고 사는 효성이 지극한 사내였다."

母 性	母 性 [5급]
모 성	어미 모 성품 성

모성 : 어머니로서 가지는 본능이나 심성. "추위에 떨고 있는 아이가 그녀의 모성을 자극했다."

엄마도 없지.

입 벌리고 달리는! 형 형 兄!

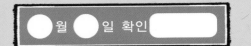
父母兄弟女人外寸

兄

훈 형   음 형

儿 부수 (어진사람인발 부수)

빨리 달리는 사람이
형이라고 했겠다!

 필순에 따라 써 보세요.

총 5획

兄 兄 兄 兄 兄

필순

兄

형 형

형 형	형 형
형 형	형 형

 이렇게 쓰여요.

兄夫	兄夫 7급
형 부	형 형 지아비 부

형부 : 여동생이 언니의 남편을 부르는 호칭. 거꾸로 언니의 남편이 아내의 여동생을 부를 때에는 처제(妻弟)라고 합니다.

妹兄	妹兄 4급
매 형	누이 매 형 형

매형 : 남동생이 누나의 남편을 부르는 호칭. 거꾸로 누나의 남편이 아내의 남동생을 부를 때에는 처남(妻男)이라고 합니다.

형 손들어!

형 형!

저요!

48

피뢰침에 줄 감고 노는! 아우 제 弟 !

훈 아우 음 제

륵부수 (활궁 부수)

으악!
동생 죽네!

父母兄弟女人外寸

필순에 따라 써 보세요.

총 7획 ※ 7획 글자입니다.

弟 弟 弟 弟 弟 弟 弟

필순

아우 제

아우 제	아우 제
아우 제	아우 제

아우 제

이렇게 쓰여요.

弟子	弟子 [7급]
제 자	아우 제 아들 자

제자 : 스승에게 가르침을 받는 사람. "손
오공은 보리도사의 제자입니다."

弟婦	弟婦 [4급]
제 부	아우 제 아내 부

제부 : 형이 동생의 아내를 부르는 호칭.
제수라고도 합니다.

동생
손들어!

저요!

아우 제!

49

팔 벌리고 한 발로 선! 계집 녀 女!

父母兄弟女人外寸

女
훈 계집 음 녀(여)

女부수 (계집녀 부수)

나더러 계집이라고?
그건 여자를 낮춰
부르는 말이야.
요즘은 그런 말 안 쓴단다.

😑 **필순에 따라 써 보세요.**

총 3획

女 女 女

필순

女
③
계집 녀

		女 계집 녀	女 계집 녀
		女	女
		女 계집 녀	女 계집 녀
女	女	女	女
女	女	女	女

🙂 **이렇게 쓰여요.**

美女
미   녀

美女 [6급]
아름다울 미 계집 녀

미녀 : 아름다운 여자. "여자들은 미녀라는 소리를 들으면 좋아해요."

女神
여   신

女神 [6급]
계집 녀 귀신 신

여신 : 여성 신. "아테네는 지혜의 여신이다."

앞으로는

나를 여자가 아니라 여인이라고 불러 줘.

사람은 두 발로 걸어서! 사람 인 人!

훈 사람 음 인

人부수 (사람인 부수)

그림자도 걸어 다닌다. 쉿!

사람은 누구나 걸어 다닌다.

父母兄弟女人外寸

😄 **필순에 따라 써 보세요.**

총 2획

人人

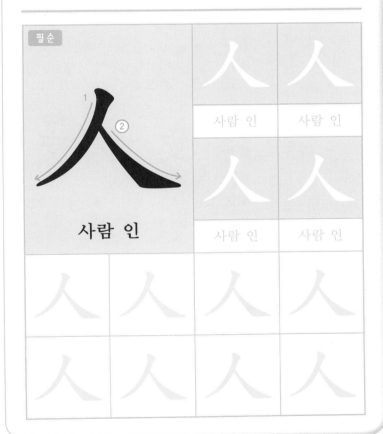

필순

사람 인

人	人
사람 인	사람 인
人	人
사람 인	사람 인

😎 **이렇게 쓰여요.**

人名
인 명

7급
人名
사람 인 이름 명

인명 : 사람의 이름. "그 사전에는 인명과 지명이 꼼꼼히 적혀 있었다."

人力
인 력

7급
人力
사람 인 힘 력

인력 : 사람의 힘. 사람의 노동력. "그의 죽음은 인력으로는 어쩔 수 없는 일이었다."

사람이 그러면 못써!

내가 사람이냐? 원숭이지.

51

저녁마다 바깥으로 나가는! 바깥 외 外!

父母兄弟女人外寸

外
훈 바깥 음 외

夕부수 (저녁석 부수)

저녁이니 외출 나가야지.
아니, 외박. 아니, 외근?

외박 : 집 밖에서 자는 것.
외근 : 직장 밖에서 일하는 것.

필순에 따라 써 보세요.

총 5획

外 外 外 外 外

필순		外	外
外		바깥 외	바깥 외
		外	外
바깥 외		바깥 외	바깥 외
外	外	外	外
外	外	外	外

이렇게 쓰여요.

內外
내 외

內外
안 내 바깥 외

내외 : 안과 밖. 남자와 여자. 부부. "요즘 세상은 내외를 구별하지 않는다." (남녀의 뜻) "형님 내외가 찾아오셨다." (부부의 뜻)

外交
외 교

外交
바깥 외 사귈 교

외교 : 다른 나라와 교류를 맺는 일. "우리나라 정부에서 외교를 담당하는 곳은 외교통상부입니다."

밖으로 나가라! 바깥 외!

손가락은 짧아, 짧으면! 마디 촌 寸!

寸

훈 마디 음 촌

寸부수 (마디촌 부수)

寸은 친척을 얘기할 때 쓰이는 말.
원래는 '짧다'는 뜻이야.
손가락 마디만큼 가까우니
친척이지.

父母兄弟女人外寸

필순에 따라 써 보세요.

총 3획

寸 寸 寸

필순

마디 촌

마디 촌	마디 촌
마디 촌	마디 촌

寸 寸 寸 寸

寸 寸 寸 寸

이렇게 쓰여요.

촌 수 / 마디 촌 셈할 수 [7급]

촌수 : 친척 사이에 가깝고 먼 정도를 나타내는 수. 나를 기준으로 부모는 일촌, 형제는 이촌, 부모의 형제는 삼촌, 그 자녀는 사촌.

촌 평 / 마디 촌 평할 평 [4급]

촌평 : 아주 짧은 평. "촌평이라도 좋으니까 자네 의견을 말해 보게."

마디 촌!

마디마디 쪼개져라!

8급 마법급수한자 **낱말 깨치기**

월 ◯ 일 확인

부모

父母
아비 부 어미 모

父母 父母 父母 父母
父母 父母 父母 父母

부모 : 아버지와 어머니.

형제

兄弟
형 형 아우 제

兄弟 兄弟 兄弟 兄弟
兄弟 兄弟 兄弟 兄弟

형제 : 형과 동생. 한 부모 아래의 자식들.

모녀

母女
어미 모 계집 녀

母女 母女 母女 母女
母女 母女 母女 母女

모녀 : 어머니와 딸.

외삼촌

外三寸
14쪽
바깥 외 석 삼 마디 촌

外三寸 外三寸
外三寸 外三寸

외삼촌 : 어머니의 남자 형제.

54

인생

人生
99쪽
사람 인   날 생

人生 人生 人生 人生
人生 人生 人生 人生

인생 : 사람이 세상을 살아가는 일.

생부

生父
99쪽
날 생   아비 부

生父 生父 生父 生父
生父 生父 生父 生父

생부 : 자기를 낳아 주신 친아버지.

여인

女人
계집 녀   사람 인

女人 女人 女人 女人
女人 女人 女人 女人

여인 : 어른이 된 여자.

장녀

長女
97쪽
길 장   계집 녀

長女 長女 長女 長女
長女 長女 長女 長女

장녀 : 맏딸. 첫째 딸.

1 다음 글을 읽고, 한자로 된 낱말의 음을 한글로 쓰세요.

(1) 나는 요리사가 되고 싶지만, 父母님은 의사가 되라고 하십니다.

☐☐

(2) 母女가 오붓하게 사과를 깎아 먹습니다.

☐☐

(3) 父女간의 정은 특별하다고 말합니다.

☐☐

(4) 군대 간 外三寸이 휴가를 나왔습니다.

☐☐☐

(5) 명절 때, 四寸들과 연을 날렸습니다.

☐☐

(6) 단비는 세 딸 가운데 長女입니다.

장 ☐

(7) 너도 이제 어엿한 女人이 되었구나!

☐☐

(8) 금과도 바꿀 수 없는 것이 兄弟간의 우애라고 합니다.

☐☐

이제부터 사이좋게 지내기로 했어.

2 다음 한자의 훈(訓: 뜻)과 음(音: 소리)을 쓰세요.

(1) 外 (　　　　　)　　(2) 女 (　　　　　　　)

(3) 兄 (　　　　　)　　(4) 寸 (　　　　　　　)

(5) 母 (　　　　　)　　(6) 父 (　　　　　　　)

(7) 弟 (　　　　　)

3 다음 한자의 뜻이나 소리를 보기에서 찾아 그 번호를 쓰세요.

보기

①촌　②아버지　③모　④녀　⑤사람　⑥외

(1) 父　　(　　)　　(2) 人　　(　　)

(3) 寸　　(　　)　　(4) 母　　(　　)

(5) 外　　(　　)　　(6) 女　　(　　)

심화 **4** 다음 글에서 밑줄 친 낱말을 한자로 쓰세요.

　오늘은 설날. 나는 부모님과 함께 큰아버지 댁으로 세배를 갔습니다. 큰아버지 댁에는 사촌 언니와 오빠가 있습니다. 할아버지, 할머니께서는 아들 삼형제를 두셨습니다. 할머니께서 엄마와 저를 보시더니 "모녀가 어쩌면 생긴 것이 똑같으냐."라고 하셨습니다.

(1) 부모 : ☐☐　　(2) 사촌 : ☐☐

(3) 삼형제 : ☐☐☐　　(4) 모녀 : ☐☐

5 다음 글을 읽고 밑줄 친 말에 해당하는 한자를 보기에서 찾아 그 번호를 쓰세요.

보기

①外 ②弟 ③兄 ④女 ⑤人

(1) 형은 동생에게 과자를 사 주었습니다.   (   )

(2) 여자 친구가 바깥에서 나를 기다리고 있습니다.(   )(   )

(3) 사람들은 공연을 보기 위해 줄을 섰습니다.   (   )

6 다음 한자에서 ㉠획은 몇 번째 획일까요?

① 다섯 번째
② 여섯 번째
③ 일곱 번째
④ 여덟 번째

7 다음 한자에서 ㉠획은 몇 번째 획일까요?

① 첫 번째
② 두 번째
③ 세 번째
④ 네 번째

우리 할아버지랑 나는
닮은 데가 하나도 없어.
그래서 할아버지 코 모양의
모자를 썼지.

58

동쪽엔 청산,
서쪽엔 백산!
남쪽엔 청군,
북쪽엔 백군!

동서남북 | **동서남북청백산군**

 동쪽 나무에 해가 걸리니! **동녘 동 東!**

 서쪽 둥지에 새가 돌아오니! **서녘 서 西!**

 남쪽에는 교회가 많아! **남녘 남 南!**

 남북이 등을 돌리니! **북녘 북 北!**

 무럭무럭 푸른 잎은! **푸를 청 靑!**

태양처럼 밝고 희니! **흰 백 白!**

 산봉우리 세 개는! **메 산 山!**

 수레에 덮개를 덮으면! **군사 군 軍!**

낱말을 만들어 봐!
東西, 南北, 南山, 西山,
靑山, 靑軍, 白軍!

손오공의 세상 구경

오늘은 네게 세상 구경을 시켜 주겠다.

이거 수레를 꼭 끌어야 해요? 근두운이 편한데.

이 세상의 동서쪽 끝에는 큰 나무가 있고, 남북쪽 끝에는 큰 산이 있느니라.

복잡해

남쪽 산을 청산, 북쪽 산을 백산이라 한다.

저기가 동쪽 끝이다. 나무에 해가 걸린 게 보이느냐?

나무에 빵이 걸린 것 같아요.

아침에 해가 이 나무 사이로 뜬다고 해서 '해 걸린 나무'라 한다.

보통 나무랑 똑같네요, 뭐.

東

저기가 서쪽 끝이다. 나무 위에 둥지가 보이느냐?

스승님, 뭐 좀 먹고 가요.

서쪽끝마을

해질 녘 둥지 위로 큰 새가 앉아서 '새 앉는 나무'라 한다.

뭘 보셩~..

西

월 일 확인

동쪽 나무에 해가 걸리니! 동녘 동 東!

東 西 南 北 青 白 山 軍

東

훈 동녘 음 동

木부수 (나무목 부수)

해 뜰 때,
이 각도에서 보면
영락없는
동녘 동!

필순에 따라 써 보세요.

총 8획

東 東 東 東 東 東 東 東

필순

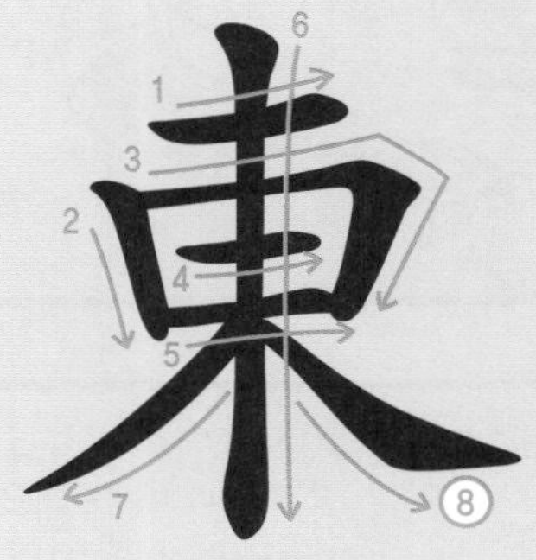
1
2
3
4
5
6
7
8

동녘 동

		東	東
		동녘 동	동녘 동
		東	東
		동녘 동	동녘 동
東	東	東	東
東	東	東	東

이렇게 쓰여요.

東方 (동 방) — 7급 東方 (동녘 동, 모 방)

동방 : 동쪽. 동쪽 지방. 대한민국은 '동방의 해 뜨는 나라'라고 불립니다.

東海 (동 해) — 7급 東海 (동녘 동, 바다 해)

동해 : 동쪽 바다. 한반도 동쪽에 있는 바다. "동해 물과 백두산이 마르고 닳도록…"

동쪽으로!
동녘 동!
東

서쪽 둥지에 새가 돌아오니! 서녘 서 西!

훈 서녘 음 서

両부수 (덮을아 부수)

누군가 내 모습을 본떠 글자를 만들었다는군. '서녘 서'라나?

東西南北青白山軍

😝 필순에 따라 써 보세요.

총 6획 ※ 필순에 주의하세요.

西 西 西 西 西 西

필순

서녘 서

		서녘 서	서녘 서
		서녘 서	서녘 서

😲 이렇게 쓰여요.

西 洋	西 洋 6급
서 양	서녘 서 큰 바다 양

서양 : 유럽과 남북아메리카를 일컫는 말. 서쪽 큰 바다 건너에 있는 세계라서 서양 입니다. 서양의 반대는 동양(東洋).

西 部	西 部 6급
서 부	서녘 서 나눌 부

서부 : 어떤 곳을 기준으로 동서남북을 나눠 그 중에서 서쪽 부분을 일컫는 말.

서쪽으로! 서녘 서!

남쪽에는 교회가 많아! 남녘 남 南!

東西南北青白山軍

南
훈 남녘 음 남

十부수 (열십 부수)

남쪽은 예로부터 따뜻하고 살기 좋은 곳! 살기 좋은 남쪽에는 사람도, 교회도 많아.

필순에 따라 써 보세요.

총 9획

南 南 南 南 南 南 南 南 南

남녘 남

이렇게 쓰여요.

江南
강 남

江南 [7급]
강 강 남녘 남

강남 : 강의 남쪽. 우리나라에서는 한강 남쪽 지역. "강남 갔던 제비가 돌아왔다."

南風
남 풍

南風 [6급]
남녘 남 바람 풍

남풍 : 남쪽에서 불어오는 바람. 남풍은 따뜻한 바람입니다. 반대는 북풍(北風).

남쪽으로! 남녘 남!

64

남북이 등을 돌리니! 북녘 북 北!

北

훈 북녘/달아날 음 북/배

ヒ부수 (비수비 부수)

이렇게 등 돌리고 앉으니까 '북녘 북' 자가 되는군.

'북녘 북'은 '달아날 배'도 된대.

東西南北青白山軍

 필순에 따라 써 보세요.

총 5획 ※ 필순에 주의하세요

北 北 北 北 北

필순

北
①②③④⑤

북녘 북

北	北
북녘 북	북녘 북
北	北
북녘 북	북녘 북

 이렇게 쓰여요.

北上
북 상

北上 [7급]
북녘 북 위 상

북상 : 북쪽으로 올라감. 반대는 남하(南下). "장마 전선이 북상하면서 중부지방에 큰 비가 내리겠습니다."

敗北
패 배

敗北 [5급]
패할 패 달아날 배

패배 : 겨루어서 짐. 패하여 달아남. "대마왕은 패배의 기억을 쉽게 지울 수가 없었다."

북쪽으로! 북녘 북!

65

무럭무럭 푸른 잎은! 푸를 청 靑!

東西南北靑白山軍

훈 푸를 음 청

靑부수 (푸를청 부수)

푸른색은 젊음의 색! 무럭무럭 자라라!

필순에 따라 써 보세요.

총 8획

靑 靑 靑 靑 靑 靑 靑 靑

푸를 청

이렇게 쓰여요.

靑天
청 천

靑天 [7급]
푸를 청 하늘 천

청천 : 맑고 푸른 하늘. 아주 갑작스런 일이 터졌을 때, '청천 하늘에 날벼락'이라고 말합니다.

靑春
청 춘

靑春 [7급]
푸를 청 봄 춘

청춘 : 글자 그대로 하면 '푸른 새싹이 돋아나는 봄'이지만, 비유적으로 '인생의 젊은 시절'을 가리킵니다. '청춘 남녀'.

파래져라! 푸를 청!

파래지니까 안 보이는군.

태양처럼 밝고 희니! 흰 백 白!

월 ● 일 확인

白

훈 흰 음 백

白부수 (흰백 부수)

와!
백열전구를
켰더니 낮처럼
환해졌어.

東西南北青白山軍

 필순에 따라 써 보세요.

총 5획

白 白 白 白 白

필순

白

흰 백

	흰 백	흰 백
白	흰 백	흰 백
	흰 백	흰 백

白	白	白	白
白	白	白	白

 이렇게 쓰여요.

白馬
백 마

5급
白馬
흰 백 말 마

백마 : 털 색깔이 흰 말. 백마는 귀하고 우아해서 아무나 탈 수 없었습니다. '백마 탄 왕자님', '백마를 탄 기사' 등.

白雪
백 설

6급
白雪
흰 백 눈 설

백설 : 흰 눈. "백설이 온 세상을 덮었다." "하얀 설탕 가루가 백설처럼 수북이 쌓였다."

하얘져라!
흰 백!

67

산봉우리 세 개는! 메 산 山 !

東西南北青白山軍

훈 메 음 산

山부수 (메산 부수)

산봉우리 세 개만 보면 화과산이 생각나.

😠 필순에 따라 써 보세요.

총 3획

山 山 山

필순

메 산

😛 이렇게 쓰여요.

산 천 / 메산 내천 (7급)

산천 : 산과 내. 폭넓게 자연을 아우르는 말. "두고 온 고향 산천이 눈앞에 어른거렸다." "봄이 되자 산천초목이 어느새 푸르러졌다."

산 행 / 메산 다닐행 (6급)

산행 : 산길을 걸어감. 산에 오르는 일. "이번 산행에는 모처럼 어머님이 동행하셨다."

여기는 화과산.

산봉우리 세 개.

68

8급 마법급수한자

수레에 덮개를 덮으면! 군사 군 軍!

월 ● 일 확인

軍
훈 군사 음 군

車부수 (수레거 부수)

수레를 군사로 만드는 마법이닷! 얍!

東西南北青白山軍

필순에 따라 써 보세요.

총 9획

軍軍軍軍冐軍軍冒軍

군사 군

이렇게 쓰여요.

軍歌
군 가

軍歌
군사 군 노래 가 [7급]

군가 : 군대에서 부르는 노래. "군악대 반주에 맞춰 부대원들이 군가를 합창했다."

友軍
우 군

友軍
벗 우 군사 군 [5급]

우군 : 자기와 같은 편의 군대. "그가 기꺼이 돕겠다고 말하자, 우리는 커다란 우군을 얻은 듯했다." 우군의 반대는 적군(敵軍).

우리는 지하미궁을 지키는 군사들이다!

와!

69

동서

東西
동녘 동 서녘 서

東西 東西 東西 東西
東西 東西 東西 東西

동서 : 동쪽과 서쪽. 동양과 서양.

남북

南北
남녘 남 북녘 북

南北 南北 南北 南北
南北 南北 南北 南北

남북 : 남쪽과 북쪽. 남한과 북한.

서산

西山
서녘 서 메 산

西山 西山 西山 西山
西山 西山 西山 西山

서산 : 서쪽에 있는 산.

남대문

南大門
남녘 남 큰 대 문 문

78쪽 104쪽

南大門 南大門
南大門 南大門

남대문 : 성의 남쪽에 있는 큰 문. 서울의 숭례문.

청년

青年
푸를 청 해 년
101쪽

青年　青年　青年　青年
青年　青年　青年　青年

청년 : 한창 무르익은 20대 전후의 나이.

백인

白人
흰 백 사람 인
51쪽

白人　白人　白人　白人
白人　白人　白人　白人

백인 : 피부가 흰색인 인종.

산수

山水
메 산 물 수
33쪽

山水　山水　山水　山水
山水　山水　山水　山水

산수 : 산과 물. 경치를 이르는 말.

군인

軍人
군사 군 사람 인
51쪽

軍人　軍人　軍人　軍人
軍人　軍人　軍人　軍人

군인 : 군대에 속하여 적의 침입으로부터 나라를 지키는 사람.

1 다음 글을 읽고, 한자로 된 낱말의 음을 한글로 쓰세요.

(1) 西山에 해가 지자, 금세 어둠이 찾아왔습니다.

(2) 겸재 정선은 우리나라 山水를 화폭에 담은 조선 최고의 화가였습니다.

(3) 흑인들 사이에 白人 한 명이 끼어 있으니 금방 눈에 띄었습니다.

(4) 운동회에서 靑軍이 白軍을 가까스로 이겼습니다.

(5) 일 년 만에 열린 南北 대결로 축구장은 한껏 달아올랐습니다.

(6) 軍人 아저씨들이 폭우로 무너진 길을 고쳐 주셨습니다.

(7) 영동 고속도로는 우리나라를 東西로 가로지르는 도로입니다.

(8) 南山의 꼭대기에 오르니 서울이 한눈에 내려다보였습니다.

남쪽에 위치한 산이로구나!

2 다음 한자의 훈(訓:뜻)과 음(音:소리)을 쓰세요.

(1) 靑 (　　　　　　) 　(2) 北 (　　　　　　　　)

(3) 軍 (　　　　　　) 　(4) 西 (　　　　　　　　)

(5) 東 (　　　　　　) 　(6) 白 (　　　　　　　　)

(7) 南 (　　　　　　)

3 다음 글에서 밑줄 친 낱말을 한자로 쓰세요.

　　성문 밖에는 큰 강이 동서로 흐르고, 남북으로는 넓은 도로가 나 있었습니다. 어느 날 서산에 해가 질 무렵 피부가 눈처럼 하얀 사내가 강을 건너와 성문을 두드렸습니다. 성문을 지키던 군인들이 사내를 막아섰습니다. 군인들은 처음 보는 그를 피부가 하얗다고 해서 백인이라고 불렀습니다.

(1) 동서 : ☐☐　　(2) 남북 : ☐☐　　(3) 서산 : ☐☐

(4) 군인 : ☐☐　　(5) 백인 : ☐☐

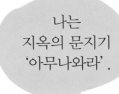

나는
지옥의 문지기
'아무나와라'.

나는
극락의 문지기
'아무나오지마'.

4 다음 글을 읽고 밑줄 친 말에 해당하는 한자를 보기에서 찾아 그 번호를 쓰세요

> 보기
> ① 白 ② 東 ③ 山 ④ 南 ⑤ 西 ⑥ 靑 ⑦ 北

(1) 해는 동쪽에서 뜹니다.   (   )

(2) 푸른 하늘을 보니 마음이 편안해집니다.   (   )

(3) 서쪽으로 가면 우리 학교가 나옵니다.   (   )

(4) 나는 흰색을 가장 좋아합니다.   (   )

(5) 이번 주말에 아버지와 함께 등산을 했습니다. (   )

(6) 남쪽에 봄이 일찍 찾아왔습니다.   (   )

(7) 할머니는 북녘 땅이 고향입니다.   (   )

5 다음 중에서 필순(筆順 : 쓰는 순서)이 올바른 것은?

① ㄴ－ㄷ－ㄹ－ㄱ－ㅁ－ㅂ
② ㄱ－ㄹ－ㅁ－ㄴ－ㄷ－ㅂ
③ ㄴ－ㄱ－ㅁ－ㄷ－ㄹ－ㅂ
④ ㄱ－ㄹ－ㄴ－ㄷ－ㅁ－ㅂ

6 다음 중에서 필순(筆順 : 쓰는 순서)이 올바른 것은?

① ㄱ－ㄴ－ㄷ－ㄹ－ㅁ
② ㄱ－ㄷ－ㄴ－ㅁ－ㄹ
③ ㄱ－ㄷ－ㅁ－ㄴ－ㄹ
④ ㄷ－ㄱ－ㄴ－ㅁ－ㄹ

8급 마법급수한자

주문만 외우면 한자가 쏙쏙!

대한민국과 중국, 소국, 만국, 왕국!

대한민국 | 대한민국중소만왕

 팔다리 크게 벌려! **큰 대 大!**

 한민족이 한국을 세웠으니! **나라 한 韓!**

 백성은 나라의 근본! **백성 민 民!**

 네모로 성을 쌓아! **나라 국 國!**

 가운데를 꿰뚫으니! **가운데 중 中!**

 작다고 깔보지 마! **작을 소 小!**

 전갈은 다리가 많아! **일만 만 萬!**

 호랑이는 동물의 왕! **임금 왕 王!**

낱말을 만들어 봐!
大韓民國, 韓國, 中國,
小國, 萬國, 王國, 國民,
國王, 萬民, 萬王,
大王, 大小, 中小!

만국컵 축구 대회

여기는 만국컵 축구 대회 결승전이 벌어지고 있는 만국컵 경기장입니다.

만국컵의 주인을 가리는 대한민국과 소인국 팀의 물러설 수 없는 한판 승부!

덤벼.

한번 해보자구

한국 팀은 가운데 중(中) 전술로 공격합니다.

소인국 팀은 작을 소(小) 전술로 맞서는군요.

소인국 팀 페널티 킥을 얻어 냅니다.

숫! 그러나 골키퍼 몸집이 커서 튕겨 나옵니다.

들어갈 틈이 없습니다.

어딜!

골키퍼 몸집이 정말 크군요.

별명이 '큰 대'입니다.

8급 마법급수한자

팔다리 크게 벌려! 큰 대 大!

월 일 확인

大韓民國中小萬王

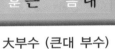
훈 큰 음 대
大부수 (큰대 부수)

'큰 대' 자 모양으로 벌렸으니 아무도 못 지나가.

필순에 따라 써 보세요.

총 3획

大 大 大

필순
大
큰 대

大	大
큰 대	큰 대
大	大
큰 대	큰 대

大 大 大 大
大 大 大 大

이렇게 쓰여요.

大作 / 大作 (6급)
대 작 / 큰 대 지을 작

대작 : 규모가 큰 작품. 아주 뛰어난 작품. "이 그림은 요즘 보기 드문 대작이다."

大罪 / 大罪 (5급)
대 죄 / 큰 대 허물 죄

대죄 : 큰 죄. "대죄를 저지른 그는 감옥에서 처형만을 기다리고 있다."

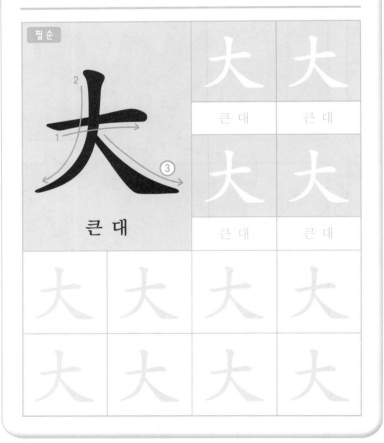
커져라! 큰 대!

78

한민족이 한국을 세웠으니! 나라 한 韓!

韓
훈 나라 음 한

韋부수 (다룸가죽위 부수)

쓰기 복잡하지?

그래도 한국인이라면 알아야지.

大韓民國中小萬王

필순에 따라 써 보세요.

총 17획

韓 韓 韓 韓 韓 韓 韓 韓 韓 韓 韓 韓 韓 韓

필순

韓
나라 한

韓	韓
나라 한	나라 한
韓	韓
나라 한	나라 한

韓	韓	韓	韓
韓	韓	韓	韓

이렇게 쓰여요.

韓	日	韓	日
한	일	나라 한	날 일

30쪽

한일 : 한국과 일본을 줄여 부르는 말. '한일협정', '한일 관계', '한일 정상회담'등.

訪	韓	訪	韓
방	한	찾을 방	나라 한

4급

방한 : 한국을 방문함. 한국을 찾아오니 방한입니다. "교황의 방한을 기념하는 우표가 발행되었다."

우리 민족은 한족(韓族), 중국 민족은 한족(漢族)!

한자가 달라!

8급 마법급수한자

백성은 나라의 근본! 백성 민 民!

 월 일 확인

大韓民國中小萬王

民

훈 백성 음 민

氏부수 (각시씨 부수)

요즘 유행하는 '백성 민' 춤이야. 재미있지? 따라 해 봐.

😄 필순에 따라 써 보세요.

총 5획 ※ 필순에 주의하세요.

民 民 民 民 民

필순

민

백성 민

😎 이렇게 쓰여요.

민가 : 백성들이 사는 집. "밤이면 호랑이가 내려와 민가를 덮쳤다."

민심 : 백성의 마음. "정부는 뒤늦게 여러 가지 대책을 내놓았지만, 민심은 이미 등을 돌려 버린 뒤였다."

우리는 원숭이 나라의 백성들.

요즘에는 국민(國民)이라 한대.

80

네모로 성을 쌓아! 나라 국 國!

國
훈 나라 음 국

나는 천국(天國)의 수문장이다!

大韓民國中小萬王

 부수 (큰입구/에울위 부수)

필순에 따라 써 보세요.

총 11획

國 國 國 回 回 回 回 或 國 國 國

나라 국

이렇게 쓰여요.

國 力 — 국 력 / 國 力 — 나라 국 힘 력 [7급]

국력 : 한 나라가 지닌 정치, 경제, 외교, 군사 등 여러 방면의 힘. "세종 대왕 때 조선의 국력은 크게 커졌다."

國 史 — 국 사 / 國 史 — 나라 국 역사 사 [5급]

국사 : 나라의 역사. 우리나라의 역사. "학교교육에서 국사 과목의 중요성이 어느 때보다 커졌다."

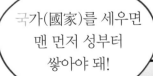
국가(國家)를 세우면 맨 먼저 성부터 쌓아야 돼!

국 끓여 먹고 나서! 히히!

가운데를 꿰뚫으니! 가운데 중 中!

훈 **가운데** 음 **중**

Ⅰ부수 (뚫을곤 부수)

명중이야!
막대기가 네모 가운데를
관통했어!

필순에 따라 써 보세요.

총 4획

中 中 中 中

필순

가운데 중

가운데 중 / 가운데 중 / 가운데 중 / 가운데 중

이렇게 쓰여요.

中立 중 립 / 中立 가운데 중 설 립 (7급)

중립 : 어느 쪽에도 치우치지 않는 입장. 가운데에 서 있으니 중립입니다. "나는 누구 편도 들기 싫으니 중립을 지키겠어."

中食 중 식 / 中食 가운데 중 먹을 식 (7급)

중식 : 낮에 끼니로 먹는 음식. 점심. 아침과 저녁의 중간에 먹으니까 중식입니다. "중식을 끝낸 뒤에는 운동장에 모여 주세요."

이마 가운데를 딱!

82

작다고 깔보지 마! 작을 소 小!

훈 작을   음 소

小부수 (작을소 부수)

작다고 깔보지 마세요! 이래 봬도 작은 고추가 맵다고요.

大韓民國中小萬王

 필순에 따라 써 보세요.

총 3획

小 小 小

필순

작을 소

 이렇게 쓰여요.

小品
소   품

小品
작을 소   물건 품   [5급]

소품 : 크기가 작은 물건. 규모가 작은 작품. "영희는 이번 연극에서 소품을 담당했습니다."

小便
소   변

小便
작을 소   똥오줌 변   [7급]

소변 : 오줌. '소변을 누다', '소변이 마렵다', '소변을 참다', '대소변을 가리다' 등.

작아져라! 작을 소!

으악!

8급 마법급수한자

전갈은 다리가 많아! 일만 만 萬!

大韓民國中小萬王

萬
훈 일만 음 만

++부수 (초두머리 부수)

난 다리가 많아.

난 꼬리가 많지. 萬에는 '많다'는 뜻이 있어.

필순에 따라 써 보세요.

총 13획 ※ 필순에 주의하세요.

萬 萬 萬 萬 萬 萬 萬 萬 萬 萬 萬 萬 萬

일만 만

일만 만	일만 만
일만 만	일만 만

이렇게 쓰여요.

萬事 / 萬事 [7급]
만 사 / 일만 만 일 사

만사 : 온갖 종류의 일. 모든 일. "만사가 귀찮아졌다.""그는 귀국하자마자 만사를 제쳐 놓고 아버지 묘소로 달려갔다."

萬病 / 萬病 [6급]
만 병 / 일만 만 병 병

만병 : 온갖 병. 한 가지 처방으로 온갖 병을 다 고치는 것을 만병통치(萬病通治)라 합니다. "잠만큼 좋은 만병통치약은 없다."

나는 만왕(萬王)의 왕 옥황상제시다.

어흠!

84

8급 마법급수한자

호랑이는 동물의 왕! 임금 왕 王!

훈 임금 음 왕

玉부수 (구슬옥 부수)

난 이마에 王!

난 배에 王!

大韓民國中小萬王

필순에 따라 써 보세요.

총 4획

王 王 王 王

필순

王
임금 왕

王 / 임금 왕 / 임금 왕
王 / 임금 왕 / 임금 왕

王 王 王 王
王 王 王 王

이렇게 쓰여요.

王位 / 王位 [5급]
왕 위 / 임금 왕 자리 위

왕위 : 임금의 자리. '왕위에 오르다', '왕위를 물려주다' 등.

王命 / 王命 [7급]
왕 명 / 임금 왕 목숨 명

왕명 : 왕의 명령. 명(命)은 목숨을 뜻하지만, '명령하다'는 뜻도 있습니다. '명령을 받들다', '명령을 거스르다' 등.

왼쪽부터 염라대왕, 옥황상제, 용왕.

세 명의 왕.

85

한국

韓國
나라 한 나라 국

| 韓國 | 韓國 | 韓國 | 韓國 |
| 韓國 | 韓國 | 韓國 | 韓國 |

한국 : 대한민국의 준말.

중국

中國
가운데 중 나라 국

| 中國 | 中國 | 中國 | 中國 |
| 中國 | 中國 | 中國 | 中國 |

중국 : 중국.

만국

萬國
일만 만 나라 국

| 萬國 | 萬國 | 萬國 | 萬國 |
| 萬國 | 萬國 | 萬國 | 萬國 |

만국 : 세계의 모든 나라. 온갖 나라.

국민

國民
나라 국 백성 민

| 國民 | 國民 | 國民 | 國民 |
| 國民 | 國民 | 國民 | 國民 |

국민 : 국가를 구성하는 사람.

대왕

大王
큰 대 임금 왕

| 大王 | 大王 | 大王 | 大王 |
| 大王 | 大王 | 大王 | 大王 |

대왕 : 뛰어난 업적을 남긴 임금.

중소

中小
가운데 중 작을 소

| 中小 | 中小 | 中小 | 中小 |
| 中小 | 中小 | 中小 | 中小 |

중소 : 크기나 수준이 중간이나 그 이하임.

국토

國土 36쪽
나라 국 흙 토

| 國土 | 國土 | 國土 | 國土 |
| 國土 | 國土 | 國土 | 國土 |

국토 : 한 나라가 차지하고 다스리는 땅.

외국인

外國人 52쪽 51쪽
바깥 외 나라 국 사람 인

| 外國人 | 外國人 |
| 外國人 | 外國人 |

외국인 : 다른 나라 사람.

모국

[47쪽]

母國
어미 모 나라 국

母國　母國　母國　母國
母國　母國　母國　母國

모국 : 자기가 태어난 나라.

민생

[99쪽]

民生
백성 민　날 생

民生　民生　民生　民生
民生　民生　民生　民生

민생 : 국민의 생활이나 생계.

중년

[101쪽]

中年
가운데 중　해 년

中年　中年　中年　中年
中年　中年　中年　中年

중년 : 청년과 노년의 중간인 마흔 살 안팎의 나이.

만일

[12쪽]

萬一
일만 만　한 일

萬一　萬一　萬一　萬一
萬一　萬一　萬一　萬一

만일 : 만에 하나. 있을지도 모르는 뜻밖의 경우.

1 다음 글을 읽고, 한자로 된 낱말의 음을 한글로 쓰세요.

(1) 세종 大王은 한글을 만드신 위대한 왕입니다.

(2) 온 國民이 하나가 되어 어려움을 이겨 냈습니다.

(3) 中國은 우리나라 역사에서 가장 교류가 많은 나라였습니다.

(4) 물건을 大中小로 나누어 차곡차곡 쌓아 놓았습니다.

(5) 國土 사랑을 위한 걷기 대회가 열렸습니다.

(6) 外國人에게는 더욱 친절한 모습을 보여 줘야 합니다.

(7) 그는 한시도 母國을 잊은 적이 없습니다.

법 앞에서는
모든 원숭이가
평등하다.

(8) 법 앞에서는 萬民이 평등하다.

○월 ○일 확인 [   ]

2 다음 한자의 훈(訓 : 뜻)과 음(音 : 소리)을 쓰세요.

(1) 王 (   )   (2) 大 (   )

(3) 小 (   )   (4) 萬 (   )

(5) 民 (   )   (6) 國 (   )

(7) 中 (   )

3 다음 글에서 밑줄 친 낱말을 한자로 쓰세요.

　여기는 올림픽 축구 경기장입니다. 잠시 후, 한국과 중국의 결승전 경기가 시작됩니다. 경기장에 나부끼는 만국기의 물결 속에 자랑스러운 태극기도 보입니다. 온 국민의 열띤 응원에 힘입어 우리 선수들 드디어 결승에 올랐습니다.

(1) 한국 : [ ][ ]   (2) 중국 : [ ][ ]

(3) 만국 : [ ][ ]   (4) 국민 : [ ][ ]

4 다음 중에서 필순(筆順 : 쓰는 순서)이 올바른 것은?

① ㄴ-ㄷ-ㄱ-ㄹ-ㅁ
② ㄱ-ㄴ-ㄷ-ㄹ-ㅁ
③ ㄴ-ㄷ-ㄹ-ㄱ-ㅁ
④ ㄱ-ㄹ-ㄴ-ㄷ-ㅁ

한자 마법 올림픽
금메달은 내 것이다.

으하하!
누구 맘대로?

5 다음 글을 읽고 밑줄 친 말에 해당하는 한자를 보기에서 찾아 그 번호를 쓰세요.

보기
①民 ②中 ③大 ④萬 ⑤小 ⑥國

(1) 교실 가운데에 난로가 있습니다. ( )
(2) 나의 한 달 용돈은 만 원입니다. ( )
(3) 내 동생은 키가 작습니다. ( )
(4) 백성들은 힘을 합해 나라를 구했습니다. ( )
(5) 우리나라는 사계절이 뚜렷합니다. ( )
(6) 소는 큰 눈을 껌뻑거렸습니다. ( )

6 다음 한자의 뜻이나 소리를 보기에서 찾아 그 번호를 쓰세요.

보기
①한 ②가운데 ③왕 ④백성
⑤대 ⑥국 ⑦작다 ⑧만

(1) 大 ( )　(2) 韓 ( )
(3) 民 ( )　(4) 萬 ( )
(5) 國 ( )　(6) 中 ( )
(7) 王 ( )　(8) 小 ( )

부수란, 영어의 알파벳처럼 수많은 한자를 만들어 내는 아주 중요한 글자입니다.
부수를 알면 한자가 외우기 쉬워지고, 처음 보는 한자의 뜻도 쉽게 짐작할 수 있게 된답니다.

왼쪽은 변 – 글자의 왼쪽에 붙을 때.
外 바깥 외 夕 저녁석, 校 학교 교 木 나무목

오른쪽은 방 – 글자의 오른쪽에 붙을 때.
敎 가르칠 교 攵 등글월문, 韓 나라 한 韋 다룸가죽위

위에는 머리 – 글자의 위에 붙을 때.
萬 일만 만 ⁺⁺ 초두머리, 室 집 실 宀 갓머리

아래에는 발 – 글자의 아래에 붙을 때.
兄 형 형, 先 먼저 선 儿 어진사람인 발

바깥을 에워싸면 몸 – 글자의 바깥쪽을 에워쌀 때.
四 넉 사, 國 나라 국 □ 큰입구 몸

왼쪽 위를 덮으면 엄 – 글자의 위에서 왼쪽 아래로 걸칠 때.
店 가게 점 广 엄호 ＊5급 글자입니다.

왼쪽 아래를 받치면 받침 – 글자의 왼쪽에서 오른쪽 아래로 걸칠 때.
道 길 도 辶 책받침 ＊7급 글자입니다.

자기 혼자서 부수이면 제부수 – 글자 전체가 부수로 쓰일 때.
8급의 제부수 한자들 23자 : 一二八十日月火水木金土父女人寸靑白山大小長生門

부수가 붙는 위치에 따라 이름이 달라져!

부수란, 돼지코 같은 거야. 코만 보면 돼지인 줄 알 수 있잖아.

난 돼지코 부수의 돼지왕!

난 돼지코 부수의 돈킹!

난 돼지코 부수의 저팔계!

8급 마법급수한자

주문만 외우면 한자가 쏙쏙!

교장선생님이 1학년 교실 문을 벌컥!

학교 | 교장선생학년교실문

 나무 옆에 모자 든 아비! **학교 교 校!**

 긴 머리 휘날리며! **길 장 長!**

 성큼성큼 먼저 걸어가는! **먼저 선 先!**

 흙 토에 싹이 났네! **날 생 生!**

 아이가 책을 읽으니! **배울 학 學!**

 올해도 곡식이 풍년! **해 년 年!**

 회초리는 싫어요! **가르칠 교 敎!**

 이를 지에 지붕을 씌우니! **집 실 室!**

 두 짝짜리 문은! **문 문 門!**

낱말을 만들어 봐!
學校, 校長, 先生, 學生,
學年, 敎室, 校門,
學長, 室長!

오늘은 급수 시험 보는 날

저기가 시험을 치를 곳이다. 우리 고을에서 가장 큰 학교지.

역사 학교는...

門

여기가 교문인가 봐요.

校

나무 옆에서 모자를 들고 있는 사람이 이 학교를 처음 만드신 분이다. 학교 교(校) 자가 생각나지 않니?

어디서 많이 본 얼굴이에요.

우리 아버지야. 그분은 손수 나무를 베어 학교를 짓고, 아이들에게 글을 가르치셨지.

배고파

학교 창립자 코털 아버지

흑흑 아버지...

長

저 분은 '긴 머리 휘날리며' 교장 선생님이시다.

'긴 머리' 이름만 들어도 모두 공포에 떨지.

지금부터 한자급수시험을 실시하겠다.

8급 마법급수한자

나무 옆에 모자 든 아비! 학교 교 校!

校長先生學年教室門

훈 학교 음 교

木부수 (나무목 부수)

나무가 있어야 '학교 교(校)'야. 학교에는 반드시 나무가 있지.

🔥 필순에 따라 써 보세요.

총 10획

校校校校校校校校校校

필순

학교 교

😮 이렇게 쓰여요.

校友
교 우

5급 校友
학교교 벗우

교우 : 같은 학교를 다니는 친구. "영희의 교우 관계는 아주 좋았다."

休校
휴 교

7급 休校
쉴휴 학교교

휴교 : 학교가 한동안 문을 닫는 일. 학교가 쉬니까 휴교입니다. "눈이 너무 많이 와서 임시 휴교를 했다."

한자마법을 가르치는 학교인

보리선원.

96

긴 머리 휘날리며! 길 장 長!

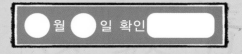

長

훈 길/어른 음 장

長부수 (길장 부수)

長은 '길 장'도 되지만,
'어른 장'도 돼.
몸이 기니 어른이지!

에헴!

校長先生學年教室門

필순에 따라 써 보세요.

총 8획 ※ 필순에 주의하세요.

長 長 長 長 長 長 長 長

길 장

이렇게 쓰여요.

長男
장 남

長男 [7급]
길 장 | 사내 남

장남 : 맏아들. "형님께서 일찍 돌아가신 후로는 차남인 그가 장남 역할을 해 왔다."

社長
사 장

社長 [6급]
모일 사 | 길 장

사장 : 회사의 최고 책임자. 대표. "그 회사는 사장과 사원이 한마음으로 뭉쳐 어려움을 이겨 냈다."

도사님은 어른인데,
저랑 키가 똑같네요.

뭐라고?

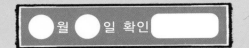

성큼성큼 먼저 걸어가는! 먼저 선 先!

校長先生學年教室門

훈 먼저　음 선

儿부수 (어진사람인발 부수)

같이 가자!
먼저 선!

😄 **필순에 따라 써 보세요.**

총 6획

先 先 先 先 先 先

필순

먼저 선

先	先
먼저 선	먼저 선
先	先
먼저 선	먼저 선

先	先	先	先
先	先	先	先

🙂 **이렇게 쓰여요.**

先代
선　　대

6급
先代
먼저 선　대신할 대

선대 : 조상의 세대. 앞선 세대라서 선대입니다. "아버지는 선대로부터 물려받은 땅에서 계속 농사를 지으십니다."

先見
선　　견

5급
先見
먼저 선　볼 견

선견 : 앞으로의 일을 미리 내다봄. 선견지명(先見之明)이라는 말로 많이 쓰입니다. "이순신 장군은 선견지명을 지닌 분이셨다."

좀 천천히 가요!

먼저 간다.

흙 토에 싹이 났네! 날 생 生!

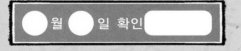
生
훈 날 음 생

生부수 (날생 부수)

와! 싹이 났다!
어서 뜯어
먹어야지!

🙂 필순에 따라 써 보세요.

총 5획

生 生 生 生 生

필순

날 생

	生	生
	날 생	날 생
	生	生
	날 생	날 생

生	生	生	生
生	生	生	生

🙂 이렇게 쓰여요.

生死
생   사

生死
날 생 죽을 사
6급

생사 : 삶과 죽음. "이것은 생사가 걸린 문제다."

生家
생   가

生家
날 생 집 가
7급

생가 : 태어난 집. "강릉 오죽헌은 율곡 이이의 생가다."

생명체로 변해라! 날 생!

99

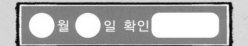

아이가 책을 읽으니! 배울 학 學!

훈 배울　음 학

子부수 (아들자 부수)

왜 배움에는 꼭
책이 필요한 걸까?
게임으로는 안 되나?

校長先生學年敎室門

 필순에 따라 써 보세요.

총 16획

學 學 學 學 學 學 學 學 學 學 學 學 學

필순
배울 학

배울 학 | 배울 학

배울 학 | 배울 학

배울 학 | 배울 학

 이렇게 쓰여요.

學 問
학 문

7급
學 問
배울 학　물을 문

학문 : 어떤 분야의 지식을 체계적으로 배우고 익히는 것. '학문을 닦다.', '학문이 깊다.' 등.

入 學
입 학

7급
入 學
들 입　배울 학

입학 : 학교에 들어감. "언니는 중학교 입학 선물로 휴대폰을 사 달라고 졸랐다."

바람 뿡!

배운 대로
안 되네.

100

올해도 곡식이 풍년! 해 년 年!

年
훈 해 음 년(연)

干부수 (방패간 부수)

벼는 익을수록 고개를 숙인다. 바로 나를 두고 하는 말….

校長先生學年教室門

😀 필순에 따라 써 보세요.

총 6획 ※ 6획 글자입니다.

年 年 年 年 年 年

필순

해 년

😵 이렇게 쓰여요.

年 末	年 末 [5급]
연 말	해 년 끝 말

연말 : 한 해의 마지막 무렵. "연말이 다가오니 선물 가게에 사람들이 북적댄다."

年 上	年 上 [7급]
연 상	해 년 위 상

연상 : 자기보다 나이가 많음. 나이가 위인 사람. "그는 나보다 세 살 연상이다."

올해도 풍년을 기념하는 마법 대회가 열렸습니다.

펄럭 펄럭
제465회
풍년기원 친선대회

회초리는 싫어요! 가르칠 교 敎!

校長先生學年敎室門

敎
훈 가르칠 음 교

攵부수 (등글월문/칠복 부수)

가르치는 데 왜 회초리가 필요하지?

가르칠 교(敎)의 攵은 '회초리로 치다'는 뜻이니라.

😤 **필순에 따라 써 보세요.**

총 11획

敎 敎 敎 敎 敎 敎 敎 敎 敎 敎 敎

가르칠 교

가르칠 교	가르칠 교	
가르칠 교	가르칠 교	

😊 **이렇게 쓰여요.**

敎育
교 육

7급 敎育
가르칠 교 기를 육

교육 : 지식이나 기술, 품성 따위를 가르쳐 사람을 길러 내는 일. "참된 교육은 사람됨을 가르치는 교육이다."

敎材
교 재

5급 敎材
가르칠 교 재목 재

교재 : 교육에 필요한 여러 가지 재료. "시청각 교재를 활용한 교육을 학생들이 좋아한다."

가르쳐 줄 때 잘 들어! 한자마법이란, 어쩌고저쩌고….

風 → 風

이를 지에 지붕을 씌우니! 집 실 室!

훈 집 음 실

室의 至는 '이르다', '다다르다'는 뜻이고 宀은 지붕을 뜻해. 지붕 아래가 곧 방이라는 얘기지.

宀 부수 (갓머리/집면 부수)

校長先生學年教室門

 필순에 따라 써 보세요.

총 9획

室室室室室室室室室

필순

집 실

 이렇게 쓰여요.

실 내

7급
집실 안내

실내 : 방이나 건물의 안. 실내의 반대는 실외(室外). "실내에서는 모자를 벗으세요."

온 실

6급
따뜻할 온 집실

온실 : 식물이 잘 자라도록 온도와 습도를 유지할 수 있게 한 시설. "겨울에는 딸기를 온실에서 재배한다."

펑

집에 물이 새네.

 8급 마법급수한자

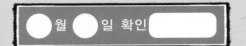
두 짝짜리 문은! 문 문 門!

校長先生學年敎室門

훈 문   음 문

門부수 (문문 부수)

門은 생김새부터 문을 닮았어. 그런데 門에는 '집안' 이라는 뜻도 있지. 가문(家門), 문중(門中) 등.

필순에 따라 써 보세요.

총 8획

門 門 門 門 門 門 門 門

필순

문 문

	門	門
	문 문	문 문
	門	門
	문 문	문 문

門 門 門 門

門 門 門 門

이렇게 쓰여요.

 正門
정 문

 7급
正門
바를 정 문 문

정문 : 건물의 정면에 있어 주로 쓰는 출입문. "정문을 놔두고 왜 후문으로 다니니?"

 入門
입 문

 7급
入門
들 입 문 문

입문 : 어떤 지식이나 기술의 세계에 처음 들어섬. "이 책은 컴퓨터에 입문하기에 아주 쉽도록 되어 있다."

열렸다!

학교

學校
배울 학 학교 교

學校 學校 學校 學校
學校 學校 學校 學校

학교 : 교육에 필요한 시설을 갖추고, 학생에게 교육을 실시하는 기관.

교장

校長
학교교 길 장

校長 校長 校長 校長
校長 校長 校長 校長

교장 : 학교의 교육 및 사무에 대하여 책임을 맡고 있는 사람.

선생

先生
먼저 선 날 생

先生 先生 先生 先生
先生 先生 先生 先生

선생 : 남을 가르치는 사람. 어떤 일에 경험이 많거나 아는 것이 많은 사람.

학생

學生
배울 학 날 생

學生 學生 學生 學生
學生 學生 學生 學生

학생 : 학교에서 가르침을 받는 사람.

학년

學年
배울 학 해 년

學年 學年 學年 學年
學年 學年 學年 學年

학년 : 일 년 단위로 구분되는 학교 교육의 단계.

교실

教室
가르칠 교 집 실

教室 教室 教室 教室
教室 教室 教室 教室

교실 : 학교에서 수업이 이루어지는 방.

교문

校門
학교 교 문 문

校門 校門 校門 校門
校門 校門 校門 校門

교문 : 학교의 문.

학부형

學父兄
46쪽 48쪽
배울 학 아비 부 형 형

學父兄 學父兄
學父兄 學父兄

학부형 : 학생의 보호자가 되는 부모나 윗사람.

8급 마법급수한자 낱말 깨치기

월 ● 일 확인 □

대학

78쪽

大學
큰 대 배울 학

大學 大學 大學 大學

大學 大學 大學 大學

대학 : 고등학교를 졸업한 후에 가는 학교.

모교

47쪽

母校
어미 모 학교 교

母校 母校 母校 母校

母校 母校 母校 母校

모교 : 자기가 다니거나 졸업한 학교.

선산

68쪽

先山
먼저 선 메 산

先山 先山 先山 先山

先山 先山 先山 先山

선산 : 조상의 무덤이 있는 산.

실외

52쪽

室外
집 실 바깥 외

室外 室外 室外 室外

室外 室外 室外 室外

실외 : 방이나 건물 바깥.

1 다음 글을 읽고, 한자로 된 낱말의 음을 한글로 쓰세요.

(1) 先生님께서는 민수에게 예쁜 공책 한 권을 주셨습니다.

(2) 우리 학교 校門은 언덕 끝에 있습니다.

(3) 나는 내년에 2學年이 됩니다.

(4) 삼촌은 母校에서 야구부 코치를 맡게 되었습니다.

(5) 우리 학교의 校木은 은행나무입니다.

(6) 저기 보이는 산이 우리 집안의 조상님들을 모신 先山입니다.

(7) 오늘 教室에서 축구를 했다고 야단을 맞았습니다.

(8) 나는 빨리 大學生이 되고 싶습니다.

학교(校)와
가르치다(敎)!
헷갈리기 쉬우니까
조심해!

2 다음 한자의 훈(訓: 뜻)과 음(音: 소리)을 쓰세요.

(1) 長 (   )   (2) 年 (   )

(3) 校 (   )   (4) 敎 (   )

(5) 先 (   )   (6) 室 (   )

(7) 學 (   )

3 다음 글에서 밑줄 친 낱말을 한자로 쓰세요.

> 우리 학교에는 예쁜 꽃밭이 있습니다. 학생들이 직접 씨를 뿌
> 려 가꾸는 밭입니다. 매일 아침, 교문을 들어서자마자 학생들은
> 꽃밭으로 뛰어가 밤새 꽃들이 얼마나 자랐는지 살펴봅니다. 수
> 업 시간에 선생님께서 꽃밭으로 우리를 데리고 나와 식물이 자
> 라는 과정에 대해 설명해 주셨습니다.

(1) 학교 : ▢▢   (2) 학생 : ▢▢

(3) 교문 : ▢▢   (4) 선생 : ▢▢

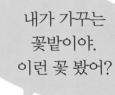

내가 가꾸는
꽃밭이야.
이런 꽃 봤어?

4 다음 밑줄 친 글자에 공통으로 쓰이는 한자를 보기 에서 찾아 쓰세요.

보기

內 學 門 生 室 長

(1) 학생들은 운동장에서 축구를 하고 있습니다.   (   )
여기는 5학년 2반입니다.

(2) 내 생일은 3월 30일입니다.   (   )
생명은 소중합니다.

(3) 대문 앞에 사람들이 많이 있습니다.   (   )
우리 가문을 빛냈습니다.

5 다음 한자에서 ㉠획은 몇 번째 획일까요?

① 네 번째
② 다섯 번째
③ 여섯 번째
④ 일곱 번째

6 다음 한자에서 ㉠획은 몇 번째 획일까요?

① 두 번째
② 세 번째
③ 네 번째
④ 다섯 번째

아래 한자들은 잘못 쓰면 다른 한자가 되므로, 조심해야 합니다.
하지만, 잘 기억하면 덤으로 8급이 아닌 세 글자를 알 수 있지요.

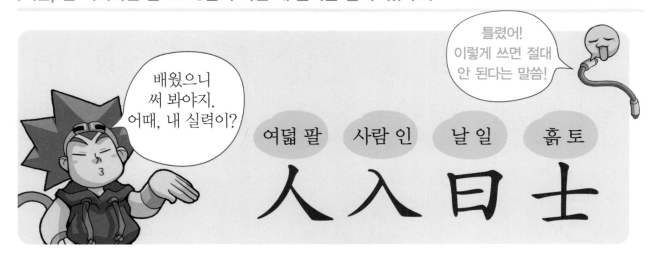

왼쪽과 오른쪽이 떨어지면 여덟 팔.

왼쪽과 오른쪽이 붙으면 사람 인.

왼쪽이 위로 올라가면 사람 인.

오른쪽이 위로 올라가면 들 입.

 과

홀쭉하면 날 일.

넓적하면 가로 왈.

土 와 士

맨 아래의 가로 획이 길면 흙 토.

위의 가로 획이 길면 선비 사.

8급 한자 한 걸음 더!

그림과 닮은 꼴의 한자를 보기에서 찾아 번호를 쓰세요.

보기

① 人　② 父　③ 白　④ 山　⑤ 弟　⑥ 靑　⑦ 大　⑧ 東　⑨ 日
⑩ 土　⑪ 水　⑫ 六　⑬ 女　⑭ 萬　⑮ 民　⑯ 月　⑰ 生　⑱ 西

예

 ③

1

2

3

4

5

6

7

8

9

10

11

12

13

14

15

16

17

정답 : 1⑷ 2⑴ 3⑹ 4⑼ 5⑺ 6⑴ 7⑼ 8⑻ 9⑸ 10⑺ 11⒀ 12⒁ 13⒁ 14⒀ 15⑵ 16⑾ 17⑽

112

서로 바꾸어 쓰기 쉬운 한자

教
가르칠 교
敎育 교육
敎師 교사

校
학교 교
學校 학교
校門 교문

모양이 비슷한 한자

水
물 수
水門 수문
水道 수도

木
나무 목
土木 토목
木手 목수

여러 가지 뜻을 가진 한자

長
어른 장 — 校長 교장
길 장 — 長期間 장기간

北
북녘 북 — 北韓 북한
달아날 배 — 敗北 패배

金
쇠,황금 금 — 金銀銅 금은동
성 김 — 金氏 김씨

야호~ 재미있다!

한자 수학 : 글자 + 글자

日
날 일

+

月
달 월

=

明 ^{6급}
밝을 명

해와 달이 합쳐지니
밝을 명!

門
문 문

+

日
날 일

=

間 ^{7급}
사이 간

문 사이로 해가 보이니
사이 간!

小
작을 소

+

大
큰 대

=

尖 ^{3급}
뽀족할 첨

위는 작고 밑은 크니
뽀족할 첨!

火
불 화

+

火
불 화

=

炎 ^{3급}
불꽃 염

불 위에 불이 또 타오르니
불꽃 염!

한자 수학 : 글자 + 글자

나무 옆에 나무가 또 있으니
수풀 림!

사람이 나무 아래에서 쉬니
쉴 휴!

산에 사는 사람이니
신선 선!

여자가 아기를 낳아
성이 생기니
성 성!
(김씨, 이씨 등의 성)

한자 수학 : 글자 + 점

大 + 、 = 太
큰 대   6급
            클 태

큰 대 아래에
점 하나 찍으면
클 태!

大 + 、 = 犬
큰 대   4급
            개 견

큰 대 오른쪽 위에
점 하나 찍으면
개 견!

王 + 、 = 主
임금 왕   7급
            주인 주

임금 왕 위에
점 하나 찍으면
주인 주!

王 + 、 = 玉
임금 왕   4급
            구슬 옥

임금 왕 오른쪽 아래에
점 하나 찍으면
구슬 옥!

한자 수학 : 글자 + 선

大 + 一 = 天 `7급`
큰 대 　　　　 하늘 천

큰 대 위에
선 하나 그으면
하늘 천!

大 + 一 = 夫 `7급`
큰 대 　　　　 지아비 부

큰 대 위에서 조금 아래에
선 하나 그으면
지아비 부!

白 + 一 = 百 `7급`
흰 백 　　　　 일백 백

흰 백 위에
선 하나 그으면
일백 백!

小 + ノ = 少 `7급`
작을 소 　　　　 적을 소

작을 소 아래에 대각선으로
선 하나 그으면
적을 소!

한자 수학 : 글자 - 글자

어때? 한자도,
수학도 재미있지?
이제 8급을 다 끝냈으니,
모의고사를 풀고 7급 과정
으로 올라가는 거야!

7급 과정도
할 수 있어!

나도!

外 - 卜 = 夕 [7급]
바깥 외   저녁 석

바깥 외에서
오른쪽 부분을 없애 버리면
저녁 석!

軍 - 冖 = 車 [7급]
군사 군   수레 거/차

군사 군에서
위의 덮개를 없애 버리면
수레 거/차!

弟 - 丬 = 弓 [3급]
아우 제   활 궁

아우 제에서
가운데 부분을 없애 버리면 활 궁!

學 - 𦥯 = 子 [7급]
배울 학   아들 자

배울 학에서
위를 없애 버리면 아들 자!

8급 낱말 총정리

이 책에 등장하는, 8급과 상위 급수 한자로 이루어진 낱말 목록입니다.
시험에 나온다고 생각하면서 이 낱말들을 또박또박 소리 내어 읽어 보세요.

8급＋7급

江南	강( )	64
教育	( )육	102
九重	( )중	20
國力	( )력	81
軍歌	( )가	69
內外	내( )	52
老母	노( )	47
東方	( )방	62
東海	( )해	62
萬事	( )사	84
民家	( )가	80
民心	( )심	80
父子	( )자	46
北上	( )상	65
山川	( )천	68
三男	( )남	14
生家	( )가	99
小便	( )변	83
水道	( )도	33
水上	( )상	33
室內	( )내	103
十字	( )자	21
年上	( )상	101
五色	( )색	16
王命	( )명	85
二世	( )세	13
人力	( )력	51
人名	( )명	51
一家	( )가	12
日記	( )기	30
日出	( )출	30
入門	입( )	104
入學	입( )	100
長男	( )남	97

正門	정( )	104
弟子	( )자	49
中立	( )립	82
中食	( )식	82
靑天	( )천	66
靑春	( )춘	66
寸數	( )수	53
七夕	( )석	18
土地	( )지	36
八方	( )방	19
八字	( )자	19
學問	( )문	100
兄夫	( )부	48
火力	( )력	32
休校	휴( )	96

8급＋6급

金銀	( )은	35
南風	( )풍	64
大作	( )작	78
萬病	( )병	84
木石	( )석	34
美女	미( )	50
白雪	( )설	67
四神	( )신	15
社長	사( )	97
山行	( )행	68
三代	( )대	14
生死	( )사	99
西部	( )부	63
西洋	( )양	63
先代	( )대	98
十代	( )대	21
女神	( )신	50
溫室	온( )	103

外交	( )교	52
月光	( )광	31
六感	( )감	17
二分	( )분	13
一等	( )등	12
黃土	황( )	36

8급＋5급

校友	( )우	96
教材	( )재	102
國史	( )사	81
大罪	( )죄	78
母性	( )성	47
木材	( )재	34
白馬	( )마	67
先見	( )견	98
小品	( )품	83
年末	( )말	101
王位	( )위	85
友軍	우( )	69
月給	( )급	31
六臣	( )신	17
敗北	패( )	65
火災	( )재	32

8급＋4급

金氏	( )씨	35
妹兄	매( )	48
訪韓	방( )	79
四季	( )계	15
師父	사( )	46
五味	( )미	16
弟婦	( )부	49
寸評	( )평	53
七星	( )성	18

해답 **실력향상문제 해답**

실력향상문제 제1회

1 (1) 일일구 (2) 이십사 (3) 십이, 이십오 (4) 유, 시
　 (5) 삼십 (6) 삼삼오오 (7) 삼륙(육)구 (8) 팔일오

2 (1) 여덟 팔 (2) 석 삼 (3) 여섯 륙 (4) 다섯 오
　 (5) 열 십 (6) 넉 사 (7) 일곱 칠 (8) 아홉 구

3 (1) 十, 八, 九 (2) 一, 二 (3) 九, 一

4 ④

5 (1) ① (2) ② (3) ⑦ (4) ⑥ (5) ④ (6) ⑤ (7) ③

6 (1) ⑤ (2) ② (3) ①

실력향상문제 제2회

1 (1) 월, 금 (2) 일, 월 (3) 일월 (4) 오월 오일
　 (5) 화, 수 (6) 토목 (7) 수 (8) 김

2 (1) 나무 목 (2) 물 수 (3) 달 월 (4) 날 일 (5) 불 화
　 (6) 쇠 금/성 김 (7) 흙 토

3 (1) 火 (2) 水 (3) 木 (4) 金 (5) 土

4 (1) 月 (2) 土 (3) 木 (4) 水

5 ②

6 ②

실력향상문제 제3회

1 (1) 부모 (2) 모녀 (3) 부녀 (4) 외삼촌
　 (5) 사촌 (6) 녀 (7) 여인 (8) 형제

2 (1) 바깥 외 (2) 계집 녀 (3) 형 형
　 (4) 마디 촌 (5) 어미 모 (6) 아비 부 (7) 아우 제

3 (1) ② (2) ⑤ (3) ① (4) ③ (5) ⑥ (6) ④

4 (1) 父母 (2) 四寸 (3) 三兄弟 (4) 母女

5 (1) ③ (2) ④, ① (3) ⑤

6 ②

7 ①

실력향상문제 제4회

1 (1) 서산 (2) 산수 (3) 백인 (4) 청군, 백군
　 (5) 남북 (6) 군인 (7) 동서 (8) 남산

2 (1) 푸를 청 (2) 북녘 북 (3) 군사 군
　 (4) 서녘 서 (5) 동녘 동 (6) 흰 백 (7) 남녘 남

3 (1) 東西 (2) 南北 (3) 西山 (4) 軍人 (5) 白人

4 (1) ② (2) ⑥ (3) ⑤ (4) ① (5) ③ (6) ④ (7) ⑦

5 ③

6 ③

실력향상문제 제5회

1 (1) 대왕 (2) 국민 (3) 중국 (4) 대중소
　 (5) 국토 (6) 외국인 (7) 모국 (8) 만민

2 (1) 임금 왕 (2) 큰 대 (3) 작을 소 (4) 일만 만
　 (5) 백성 민 (6) 나라 국 (7) 가운데 중

3 (1) 韓國 (2) 中國 (3) 萬國 (4) 國民

4 ①

5 (1) ② (2) ④ (3) ⑤ (4) ① (5) ⑥ (6) ③

6 (1) ⑤ (2) ① (3) ④ (4) ⑧ (5) ⑥ (6) ②
　 (7) ③ (8) ⑦

실력향상문제 제6회

1 (1) 선생 (2) 교문 (3) 학년 (4) 모교
　 (5) 교목 (6) 선산 (7) 교실 (8) 대학생

2 (1) 길 장 (2) 해 년 (3) 학교 교 (4) 가르칠 교
　 (5) 먼저 선 (6) 집 실 (7) 배울 학

3 (1) 學校 (2) 學生 (3) 校門 (4) 先生

4 (1) 學 (2) 生 (3) 門

5 ③

6 ④

모의 한자능력 검정시험 제1회

(1) ⑨
(2) ①
(3) ⑦
(4) ⑧
(5) ④
(6) ⑤
(7) ③
(8) ⑩
(9) ⑥
(10) ②
(11) 국
(12) 토
(13) 동
(14) 화
(15) 산
(16) 금
(17) 일
(18) 한
(19) 부모
(20) 교실
(21) 사촌
(22) 교장
(23) 여인
(24) 학생
(25) 날 생
(26) 아우 제
(27) 배울 학
(28) 동녘 동
(29) 다섯 오
(30) 푸를 청
(31) 흙 토
(32) 가운데 중
(33) ③
(34) ④
(35) ①
(36) ⑦
(37) ⑧
(38) ②

(39) ⑥
(40) ⑤
(41) ⑤
(42) ④
(43) ⑧
(44) ①
(45) ③
(46) ⑦
(47) ②
(48) ⑥
(49) ③
(50) ④

모의 한자능력 검정시험 제2회

(1) ⑤
(2) ②
(3) ⑦
(4) ⑥
(5) ③
(6) ⑧
(7) ④
(8) ①
(9) 학
(10) 교
(11) 장
(12) 선
(13) 생
(14) 모
(15) 녀
(16) 형
(17) 제
(18) 일
(19) 외국인
(20) 수문
(21) 중국
(22) 남대문
(23) 중학생
(24) 장녀

(25) 두 이
(26) 먼저 선
(27) 문 문
(28) 흙 토
(29) 어미 모
(30) 바깥 외
(31) 백성 민
(32) 열 십
(33) 사람 인
(34) 북녘 북
(35) ②
(36) ④
(37) ⑤
(38) ⑥
(39) ①
(40) ③
(41) ⑧
(42) ①
(43) ⑥
(44) ③
(45) ②
(46) ⑦
(47) ⑤
(48) ④
(49) ③
(50) ①

모의 한자능력 검정시험 제3회

(1) ⑥
(2) ③
(3) ⑦
(4) ①
(5) ⑧
(6) ④
(7) ②
(8) ⑤
(9) ④
(10) ⑨

(11) ⑦
(12) ②
(13) ⑥
(14) ⑩
(15) ①
(16) ⑧
(17) ③
(18) ⑤
(19) 학부형
(20) 일생
(21) 남북한
(22) 교실
(23) 모녀
(24) 청년
(25) 불 화
(26) 군사 군
(27) 학교 교
(28) 날 일
(29) 일곱 칠
(30) 사람 인
(31) 넉 사
(32) 나무 목
(33) ⑤
(34) ③
(35) ⑥
(36) ⑧
(37) ⑦
(38) ①
(39) ②
(40) ④
(41) ⑤
(42) ③
(43) ⑦
(44) ②
(45) ⑧
(46) ④
(47) ①
(48) ⑥
(49) ②
(50) ③

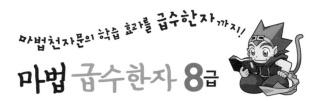

마법 급수한자 **8**급

1판 1쇄 발행 2008년 6월 30일
개정 3판 4쇄 발행 2024년 10월 24일

펴낸이 김영곤
프로젝트1팀장 이명선
기획개발 조영진 강혜인 최지현 채현지 이하린
아동마케팅팀 장철용 황혜선 양슬기 명인수 이규림 손용우 최윤아 송혜수 이주은
영업팀 변유경 김영남 강경남 황성진 김도연 권채영 전연우 최유성
북디자인 박숙희
제작 관리 이영민 권경민

펴낸곳 ㈜북이십일 아울북
출판등록 2000년 5월 6일 제406-2003-061호
주소 (우 10881) 경기도 파주시 회동길 201(문발동)
전화 031-955-2100(영업ㆍ독자문의) 031-955-2719(기획개발)
브랜드사업문의 license21@book21.co.kr
팩스 031-955-2122

ISBN 978-89-509-4247-2
가격은 책 뒤표지에 있습니다.

다양한 SNS 채널에서 아울북과 을파소의 더 많은 이야기를 만나세요.

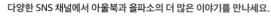

인스타그램 @owlbook21   페이스북 @owlbook21   네이버카페 owlbook21   네이버포스트 아울북 and 을파소

・제조자명 : (주)북이십일
・주소 및 전화번호 : 경기도 파주시 회동길 201(문발동) / 031-955-2100
・제조연월 : 2024.10.24
・제조국명 : 대한민국
・사용연령 : 3세 이상 어린이 제품

※ 모의 한자능력검정시험을 치른 후, 답을 이곳에 기재하세요.

수험번호 ☐☐☐－☐☐－☐☐☐☐   성명 ☐☐☐☐☐

주민등록번호 ☐☐☐☐☐☐－☐☐☐☐☐☐☐   *유성 사인펜, 붉은색 필기구 사용 불가.

*답안지는 컴퓨터로 처리되므로 구기거나 더럽히지 마시고, 정답 칸 안에만 쓰십시오.
 글씨가 채점란으로 들어오면 오답처리가 됩니다.

제1회 한자능력검정시험 8급 답안지(1)

번호	정 답	1검	2검	번호	정 답	1검	2검	번호	번호	1검	2검
1				10				19			
2				11				20			
3				12				21			
4				13				22			
5				14				23			
6				15				24			
7				16				25			
8				17				26			
9				18				27			

답안란 / 채점란

감독위원	채점위원(1)	채점위원(2)	채점위원(3)
(서명)	(득점) (서명)	(득점) (서명)	(득점) (서명)

※ 본 답안지는 컴퓨터로 처리되므로 구기거나 더럽혀지지 않도록 조심하시고 글씨를 칸 안에 또박또박 쓰십시오.

제1회 한자능력검정시험 8급 답안지(2)

번호	정 답	1검	2검	번호	정 답	1검	2검	번호	정 답	1검	2검
28				37				46			
29				38				47			
30				39				48			
31				40				49			
32				41				50			
33				42							
34				43							
35				44							
36				45							

※ 모의 한자능력검정시험을 치른 후, 답을 이곳에 기재하세요.

수험번호 □□□－□□－□□□□   성명 □□□□□
주민등록번호 □□□□□□－□□□□□□□
*유성 사인펜, 붉은색 필기구 사용 불가.

*답안지는 컴퓨터로 처리되므로 구기거나 더럽히지 마시고, 정답 칸 안에만 쓰십시오.
 글씨가 채점란으로 들어오면 오답처리가 됩니다.

제2회 한자능력검정시험 8급 답안지(1)

번호	정 답	1검	2검	번호	정 답	1검	2검	번호	번호	1검	2검
1				10				19			
2				11				20			
3				12				21			
4				13				22			
5				14				23			
6				15				24			
7				16				25			
8				17				26			
9				18				27			

감독위원	채점위원(1)		채점위원(2)		채점위원(3)	
(서명)	(득점)	(서명)	(득점)	(서명)	(득점)	(서명)

제2회 한자능력검정시험 8급 답안지(2)

번호	답안란 정 답	채점란 1검	2검	번호	답안란 정 답	채점란 1검	2검	번호	답안란 정 답	채점란 1검	2검
28				37				46			
29				38				47			
30				39				48			
31				40				49			
32				41				50			
33				42							
34				43							
35				44							
36				45							

※ 모의 한자능력검정시험을 치른 후, 답을 이곳에 기재하세요.

수험번호 □□□-□□-□□□□　　　　성명 □□□□□
주민등록번호 □□□□□□-□□□□□□□　*유성 사인펜, 붉은색 필기구 사용 불가.

*답안지는 컴퓨터로 처리되므로 구기거나 더럽히지 마시고, 정답 칸 안에만 쓰십시오.
　글씨가 채점란으로 들어오면 오답처리가 됩니다.

제3회 한자능력검정시험 8급 답안지(1)

답안란		채점란		답안란		채점란		답안란		채점란	
번호	정 답	1검	2검	번호	정 답	1검	2검	번호	번호	1검	2검
1				10				19			
2				11				20			
3				12				21			
4				13				22			
5				14				23			
6				15				24			
7				16				25			
8				17				26			
9				18				27			

감독위원	채점위원(1)		채점위원(2)		채점위원(3)	
(서명)	(득점)	(서명)	(득점)	(서명)	(득점)	(서명)

제3회 한자능력검정시험 8급 답안지(2)

번호	정 답	1검	2검	번호	정 답	1검	2검	번호	정 답	1검	2검
	답안란	채점란			답안란	채점란			답안란	채점란	
28				37				46			
29				38				47			
30				39				48			
31				40				49			
32				41				50			
33				42							
34				43							
35				44							
36				45							

8급

한자능력검정시험 대비

모의 한자능력검정시험

아울북

모의 한자능력검정시험을 보기 전에 꼭 읽어 보세요.

1. 모의 한자능력검정시험은 〈8급 마법급수한자〉를 완전히 학습한 후에 실제 시험에 임하는 자세로 치릅니다.

2. 한자능력검정시험 8급은 50문제이고 시험 시간은 50분입니다.

3. 각 문제 1점씩 50점 만점입니다.

4. 답은 실제 시험과 똑같이 이 책에 들어 있는 답안지에만 작성하세요.

5. 답안을 작성할 때는 꼭 검은색 필기 도구를 사용하세요.

6. 시험을 치른 후에는 꼭 채점을 하고, 애매한 답은 틀린 답으로 처리하세요.

7. 채점 결과에 따라, 아래의 표를 보고 자신의 실력을 평가해 보세요.

등급	정답 수	평가	학습 조언
A	46–50	아주 잘함.	매우 훌륭합니다. 7급 과정으로 들어가세요.
B	41–45	잘함.	비교적 훌륭합니다. 7급 과정으로 들어가세요.
C	36–40	보통.	약간 부족합니다. 틀린 문제 중심으로 복습하세요.
D	35 이하	부족.	아주 부족합니다. 처음부터 복습하세요.

※ 8급 합격 점수는 35점입니다.

第1回 漢字能力檢定試驗 8級 問題紙

(시험 시간 : 50분)

※ 문제지는 답안지와 함께 제출하세요.

1 밑줄 친 글자에 해당하는 한자(漢字)를 〈보기〉에서 고르세요. (1~10)

──〈보기〉──
① 九   ② 軍   ③ 月   ④ 木
⑤ 一   ⑥ 白   ⑦ 母   ⑧ 水
⑨ 年   ⑩ 南

(1) 연말이라 백화점이 붐볐습니다.
(2) 내일까지 구구단을 다 외워야 합니다.
(3) 혼자 일흔 살 노모를 모시고 삽니다.
(4) 추위로 수도가 꽁꽁 얼었습니다.
(5) 목요일에 소풍을 갔습니다.
(6) 설날이 되어 일가친척이 한자리에
    모였습니다.
(7) 아빠의 월급이 올랐습니다.
(8) 남쪽에서 따뜻한 바람이 불어옵니다.
(9) 공주는 백마 탄 왕자님을 기다립니다.
(10) 창수의 꿈은 공군 조종사입니다.

2 다음 글을 읽고 밑줄 친 한자(漢字)의 독음(讀音)을 적으세요. (11~18)

독도는 우리나라 國土의 東쪽 맨 끝에 있습니다. 독도는 원래 火山에 의해 만들어진 섬입니다. 겉보기에는 작은 바위섬이지만 오늘날 金과도 바꿀 수 없는 것이 바로 독도입니다. 이웃 나라 日본이 아무리 자기네 땅이라 우겨도 독도는 예나 지금이나 분명 韓국 땅입니다.

(11) 國   (12) 土
(13) 東   (14) 火
(15) 山   (16) 金
(17) 日   (18) 韓

3 다음 한자(漢字)로 된 낱말들의 독음(讀音)을 적으세요. (19~24)

──〈보기〉──
漢字 → 한자

(19) 父母
(20) 敎室
(21) 四寸
(22) 校長
(23) 女人
(24) 學生

4 다음 한자(漢字)의 훈(訓)과 음(音)을 적으세요. (25~32)

──〈보기〉──
力 → 힘 력

(25) 生
(26) 弟
(27) 學
(28) 東
(29) 五
(30) 靑
(31) 土
(32) 中

5 다음 밑줄 친 낱말과 같은 뜻의 한자(漢字)를 〈보기〉에서 고르세요. (33~40)

―― 〈보기〉 ――

① 寸　② 民　③ 三　④ 日
⑤ 先　⑥ 月　⑦ 外　⑧ 敎

(33) 그는 한 달 품삯으로 <u>석</u> 냥을 받았습니다.
(34) 날이 갈수록 철새의 숫자가 줄어들었습니다.
(35) 손가락 <u>마디</u>가 제법 굵어졌습니다.
(36) <u>바깥</u>은 추우니 외투를 입는 게 좋겠다.
(37) 선생님의 <u>가르침</u>을 마음 깊이 새겼습니다.
(38) 왕은 <u>백성</u>의 목소리를 들어야 하느니라.
(39) <u>달</u>마다 꼬박꼬박 돈을 부쳐 주셨습니다.
(40) 1분이라도 <u>먼저</u> 태어난 사람이 형이다.

6 다음 뜻에 알맞은 한자(漢字)를 〈보기〉에서 찾아 그 번호를 쓰세요. (41~48)

―― 〈보기〉 ――

① 山　② 父　③ 校　④ 四
⑤ 大　⑥ 門　⑦ 北　⑧ 金

(41) 크다
(42) 넷
(43) 쇠
(44) 산
(45) 학교
(46) 북녘
(47) 아버지
(48) 문

7 다음 물음에 답하세요. (49~50)

(49) 다음 한자(漢字)에서 ㉠으로 표시된 획은 몇 번째 획일까요?

① 세 번째
② 네 번째
③ 다섯 번째
④ 여섯 번째

(50) 다음 한자(漢字) 가운데 필순이 <u>잘못</u>된 것은 어느 것일까요?

① 一　十
② 丶　丷　少　火
③ 丨　刂　氺　水
④ 丿　小　小

第2回 漢字能力檢定試驗 8級 問題紙

(시험 시간 : 50분)

※ 문제지는 답안지와 함께 제출하세요.

1 밑줄 친 글자에 해당하는 한자(漢字)를 〈보기〉에서 고르세요. (1~8)

―― 〈보기〉 ――

① 寸 ② 日 ③ 三 ④ 西
⑤ 山 ⑥ 室 ⑦ 四 ⑧ 外

(1) 아빠와 등산을 갔습니다.
(2) 그림일기가 닷새나 밀렸습니다.
(3) 우리나라는 사계절이 뚜렷합니다.
(4) 온실 안은 겨울인데 따뜻했습니다.
(5) 우리나라는 삼면이 바다로 둘러싸여 있습니다.
(6) 외출할 때는 꼭 전등을 꺼야 합니다.
(7) 크리스마스는 서양에서 들어왔습니다.
(8) 부부간에는 촌수가 없습니다.

2 다음 글을 읽고 밑줄 친 한자(漢字)의 독음(讀音)을 적으세요. (9~18)

숲 속에 學校가 만들어졌습니다. 校長에는 염소가 뽑혔습니다. 토끼와 다람쥐가 先生입니다. 學生은 호랑이 母女와 늘대 兄弟랍니다. 토끼와 다람쥐는 호랑이와 늘대에게 제一 먼저 나무 열매로 밥 짓는 법을 가르쳤습니다.

(9) 學   (10) 校
(11) 長   (12) 先
(13) 生   (14) 母
(15) 女   (16) 兄
(17) 弟   (18) 一

3 다음 글을 읽고 밑줄 친 낱말의 독음(讀音)을 적으세요. (19~24)

―― 〈보기〉 ――

漢字 → 한자

(19) 박물관에 갔다가 外國人을 만났습니다.
(20) 비가 많이 오자, 댐의 水門을 열었습니다.
(21) 한자는 中國에서 처음 만들어졌습니다.
(22) 南大門은 우리나라 국보 1호입니다.
(23) 언니는 올해 中學生이 되었습니다.
(24) 엄마는 세 딸 중에 長女로 태어났습니다.

4 다음 한자(漢字)의 훈(訓)과 음(音)을 적으세요. (25~34)

―― 〈보기〉 ――

力 → 힘 력

(25) 二   (26) 先
(27) 門   (28) 土
(29) 母   (30) 外
(31) 民   (32) 十
(33) 人   (34) 北

5 다음 밑줄 친 낱말과 같은 뜻의 한자(漢字)를 〈보기〉에서 고르세요. (35~40)

─〈보기〉─

① 金   ② 日   ③ 青
④ 外   ⑤ 弟   ⑥ 月

(35) 3일 만에 비가 그치고 <u>해</u>가 모습을 드러냈습니다.

(36) 외삼촌은 마침 <u>바깥</u>으로 나가시려는 중이었습니다.

(37) <u>동생</u>은 그분의 제자가 되었습니다.

(38) 보름<u>달</u>은 한 달에 한 번 뜹니다.

(39) 김씨는 <u>금</u>반지를 팔아 돈을 마련했습니다.

(40) <u>푸른</u> 나무처럼 씩씩하게 잘 자란 청년.

6 다음 뜻에 알맞은 한자(漢字)를 〈보기〉에서 찾아 그 번호를 쓰세요.(41~48)

─〈보기〉─

① 六   ② 東   ③ 母   ④ 月
⑤ 學   ⑥ 女   ⑦ 王   ⑧ 長

(41) 길다
(42) 여섯
(43) 여자
(44) 어머니
(45) 동쪽
(46) 임금
(47) 배우다
(48) 달

7 다음 물음에 답하세요. (49~50)

(49) 다음 한자(漢字)에서 ㉠으로 표시된 획은 몇 번째 획일까요?

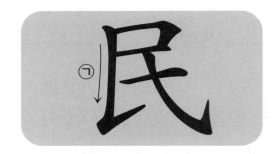

① 첫 번째   ② 두 번째
③ 세 번째   ④ 네 번째

(50) 다음 한자(漢字)의 필순이 맞게 된 것은 어느 것일까요?

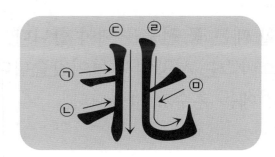

① ㉢-㉠-㉡-㉤-㉣
② ㉢-㉠-㉡-㉣-㉤
③ ㉠-㉡-㉢-㉤-㉣
④ ㉠-㉡-㉢-㉣-㉤

第3回 漢字能力檢定試驗 8級 問題紙

(시험 시간 : 50분)

※ 문제지는 답안지와 함께 제출하세요.

1 다음 한자(漢字)의 음을 〈보기〉에서 골라 그 번호를 쓰세요. (1~8)

― 〈보기〉 ―

① 대　② 장　③ 팔　④ 중
⑤ 촌　⑥ 서　⑦ 민　⑧ 백

(1) 西　　　　(2) 八
(3) 民　　　　(4) 大
(5) 白　　　　(6) 中
(7) 長　　　　(8) 寸

2 다음 글을 읽고 밑줄 친 글자에 해당하는 한자(漢字)를 보기에서 고르세요. (9~18)

　왕이 가장 먼저 한 일은 토목 공사였습니다. 강에 둑을 쌓고 저수지를 만들었습니다. 또 외국과의 무역을 위해 길을 넓혔습니다. 십만도 넘는 사람들이 밤낮으로 일했습니다. 이 모든 것들이 완성되자 농업과 상업이 번창하여 나라의 창고에는 곡식과 황금이 산더미처럼 쌓여 갔습니다.

― 〈보기〉 ―

① 十　② 水　③ 金　④ 王　⑤ 山
⑥ 外　⑦ 木　⑧ 萬　⑨ 土　⑩ 國

(9) 왕　　　　(10) 토
(11) 목　　　　(12) 수
(13) 외　　　　(14) 국
(15) 십　　　　(16) 만
(17) 금　　　　(18) 산

3 다음 글을 읽고 밑줄 친 한자(漢字)의 독음(讀音)을 적으세요. (19~24)

(19) 강당에서 學父兄을 위한 설명회가 열렸습니다.
(20) 그는 고아들을 위해 一生을 바쳤습니다.
(21) 南北韓 대표들이 서로 껴안았습니다.
(22) 敎室 청소를 했습니다.
(23) 母女가 함께 바느질을 합니다.
(24) 마을 靑年들은 모두 도시로 갔습니다.

4 다음 한자(漢字)의 훈(訓)과 음(音)을 적으세요. (25~32)

― 〈보기〉 ―

力 → 힘 력

(25) 火
(26) 軍
(27) 校
(28) 日
(29) 七
(30) 人
(31) 四
(32) 木

5 다음 밑줄 친 낱말과 같은 뜻의 한자(漢字)를 〈보기〉에서 고르세요. (33~40)

─── 〈보기〉 ───
① 外   ② 長   ③ 小   ④ 學
⑤ 一   ⑥ 水   ⑦ 木   ⑧ 火

(33) 천리 길도 한 걸음부터.
(34) 작은 고추가 맵다.
(35) 물에 빠진 생쥐.
(36) 불난 집에 부채질하다.
(37) 오르지 못할 나무는 쳐다보지도 마라.
(38) 겉 다르고 속 다르다.
(39) 길고 짧은 것은 대어 봐야 안다.
(40) 배워서 남 주나?

6 다음 뜻에 알맞은 한자(漢字)를 〈보기〉에서 찾아 그 번호를 쓰세요. (41~48)

─── 〈보기〉 ───
① 白   ② 小   ③ 山   ④ 民
⑤ 兄   ⑥ 中   ⑦ 敎   ⑧ 外

(41) 형
(42) 산
(43) 가르치다
(44) 작다
(45) 바깥
(46) 백성
(47) 희다
(48) 가운데

7 다음 물음에 답하세요. (49~50)

(49) 다음 한자(漢字)에서 ㉠으로 표시된 획은 몇 번째 획일까요?

① 두 번째
② 세 번째
③ 네 번째
④ 다섯 번째

(50) 다음 보기에서 한자(漢字)의 필순이 맞게 짝지어진 것은 어느 것일까요?

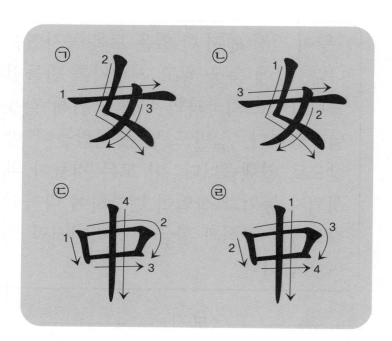

① ㉠-㉢
② ㉠-㉣
③ ㉡-㉢
④ ㉡-㉣